Jean Reynaud

52 balades en famille autour de Aix-en-Provence

Plans : Jean Reynaud

Didier Richard

A Thérèse et Lucile
A Emile pour son amicale et efficace contribution
Aux amis dévoués qui nous ont accompagnés sur le terrain.

"Demandez à quelqu'un de fermer les yeux et de dire spontanément, sans aucune réflexion, ce qu'évoque pour lui le mot "marche". Le plus souvent, il répondra : sentier, vent, ciel, horizon, espace... Comme si le seul mot de "marche" libérait des rêves inexprimés ou non vécus, des besoins d'espace et d'horizon et surtout des désirs de liberté, d'imprévu, d'aventure."

Jacques Lacarrière
Extrait de *Chemin faisant* (Ed. Fayard)

Conception graphique de la collection : Thomas Lemot, 76 87 15 56
Photo de couverture : Elisabeth Lemot

B.P. 137 - 38019 Grenoble Cedex - Tél. 76 51 38 39
Dépôt légal : 1994 - ISBN : 2-7038-0115-7

Le présent volume a été composé, reproduit et achevé d'imprimer
sur les presses de l'imprimerie des Deux-Ponts à Grenoble

Sommaire

52 balades autour d'Aix-en-Provence

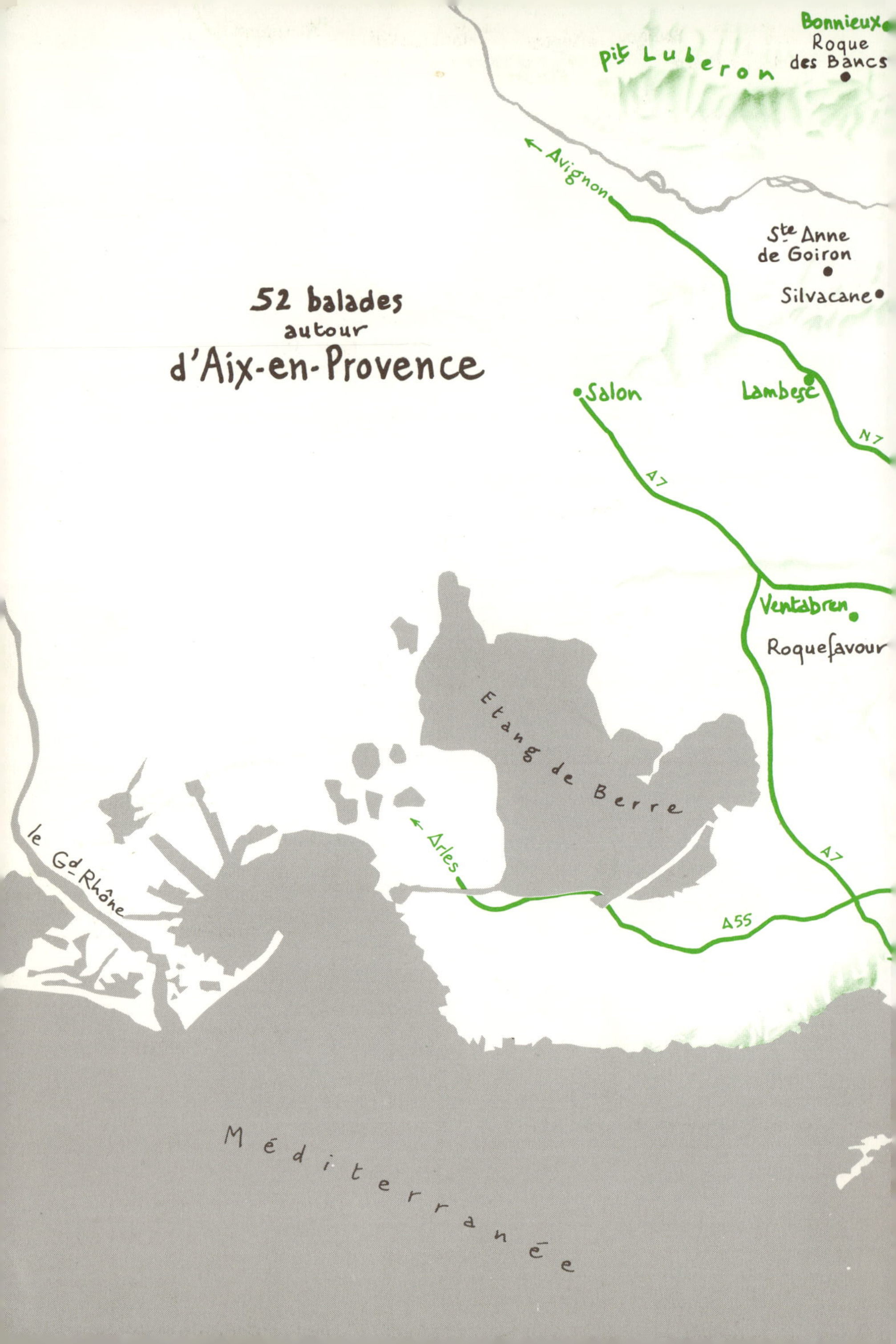

Luberon
Boufaou
Piégros
Montjustin
Manosque
Mourre Nègre
Vitrolles
Source Mirail
Cabrières d'Aigues
Sisteron
A51
Cadenet
la Durance
Pertuis
St Sépulcre
Belvédère de Cadarache
Peyrolles
Vautubière
Concors
A51
Tour de César
Ste Victoire
Pic des Mouches
Cx de Provence
Barrages
Prieuré
Untinos
Puyloubier
le Cengle
Col de Bayle
AIX
A8
Gardanne
St Maximin
l'Olympe
Pilon du Roi
Gd Puech
Mt Julien
A52
Nice
N 560
St Zacharie
St Probace
Vx Rougiers
Etoile
Envers des Collines
Taoumé
Garlaban
Ste Baume
Sentier Merveilleux
Grotte Ste Madeleine
Plan des Vaches
le Paradis
Vallon des Cèdres
Cx des Béguines
Glacière
Blé
A50
Aubagne
Signes
le Camp
N8
Colle de Fède
Valbelle
Pas
Belgentier
Siou Blanc
Cabanon des Gardes
Chlle St André
Cabanon du Marquis
Mt Puget
Sugiton
Cap Gros
Cassis
Morgiou
En Vau
Port-Pin
A50 Toulon
le Beausset
Maramoye

Préambule

Riche de son histoire, Aix bénéficie aussi d'une situation géographique privilégiée. Nous voulons dire que, dans un rayon d'une soixantaine de kilomètres, massifs montagneux ou modestes collines permettent une agréable découverte de la nature et, dès lors, une saine détente.
Outre la montagne bleutée de Sainte-Victoire, nous vous proposons ses voisins vers la Durance ou la Trévaresse, le Luberon, quelques-unes des lumineuses calanques, le massif de Siou Blanc-Montrieux, les collines de Pagnol c'est à dire le Garlaban, le massif de l'Etoile, la Sainte-Baume. Cette dernière par son pèlerinage ancestral, sa crête panoramique et sa forêt-relique est un peu le fleuron de la Provence.
Ces 52 petites traces vertes s'adressent à des randonneurs ou promeneurs occasionnels de 4 à 84 ans... qui veulent s'aérer, appliquant ainsi, dans des proportions réduites, la maxime connue : "Un jour de sentier, huit jours de santé". Ces parcours décrivent des sites connus ou non du grand public et pour la plupart, conduisent à des belvédères. Ils sont d'une grande variété d'aspect, de durée, de "pénibilité". Les temps de marche effective, à quelques exceptions près, ne dépassent pas 3 heures et ceci à 1h00 ou 1h15 d'Aix ; les dénivelées n'excèdent pas 600 mètres. Dans la liste que nous vous présentons, vous trouverez donc aussi bien la brève promenade d'une fin d'après-midi estivale que la sortie occupant, voiture et marche cumulées, une grande partie de la journée. Bien entendu, cette liste, loin d'être exhaustive, ne représente qu'une petite partie des possibilités offertes par notre région.
Pour préparer ces petites traces vertes, une carte routière suffit car grâce à notre plan d'accès, vous atteindrez le point de départ sans difficultés. A partir de là, plan et texte se complèteront pour vous conduire en toute sécurité : si un doute subsiste après la lecture du texte, le plan vous renseignera et inversement.
Conçu pour vous dispenser de recourir à la boussole ou à la carte détaillée, le plan met d'abord en évidence le tracé (balisé ou non) de l'itinéraire, que celui-ci emprunte une sente, une route forestière ou, pour quelques instants, une route goudronnée. En outre il vous offre un environnement routier et pédestre qui vous permettra, peut-être mieux que la description, de créer des liens entre les balades, et -qui sait ?- de proche en proche, de vous attacher à un secteur et d'en apprécier les attraits...
Les parcours en boucle ont été très souvent préférés aux aller-retour parfois monotones. Certains tracés proposent des variantes soit pour accéder, en sus de l'horaire, à un site intéressant, soit pour épargner à de petites jambes un sentier trop escarpé.
Enfin, chaque balade est illustrée par de petits dessins ou pictogrammes permettant la lecture directe des abords de l'itinéraire. En figurant tel animal, telle fleur, telle essence d'arbre, tel château, ces dessins font parler la Nature...vous pouvez déjà rêver !
Randonner c'est aussi rencontrer des gens du terroir (forestiers, bergers, agriculteurs...), qui aiment et qui connaissent leur pays ; un mot aimable permettra le contact et peut-être apprendrez-vous des choses intéressantes ! Et puis, une balade peut parfois se conclure dans une auberge ; si le cas se présente, nous le précisons.
Voilà les grandes lignes de l'ouvrage. Tout y est conçu pour votre détente. Encore quelques pages et ce sera à vous de jouer !

Quelques conseils...

Les horaires

Il ne s'agit pas d'établir des performances, mais de randonner en famille. Pour les enfants de 4 à 7 ans, augmentez notablement les temps donnés. Notez qu'en une heure un adulte monte 300 mètres ou en descend 500. Les temps indiqués sont davantage des repères, des indications relatives, qu'un horaire à respecter.

L'équipement

Le point culminant de nos balades n'atteint pas 1200 m. Malgré cela, vêtements chauds, anorak etc. sont nécessaires, le temps change vite ! Le pantalon est conseillé (buissons, argeiras). Eliminez espadrilles et chaussures basses au bénéfice de chaussures montantes à semelles bien crantées. N'oubliez pas la gourde bien remplie dans le sac à dos, car petits et grands ont vite soif, surtout si "ça monte". Selon les saisons, bonnet ou chapeau, plus crème solaire seront les bienvenus !...

Le respect de la nature

Sachez être silencieux au bon moment : alors vous découvrirez des écureuils, des petits oiseaux, des merles, des grands ducs, de jeunes marcassins...et vous apprécierez mieux la beauté d'un site. Bien entendu le transistor restera à la maison !

Veillez à ne pas couper les sentiers, cela dégrade irrémédiablement un talus, un éboulis fragile. Si le sentier venait à passer dans des propriétés privées, soyez discrets.

Vous pouvez cueillir quelques fleurs, sauf dans la forêt de la Sainte-Baume. Faites-le modérément et n'arrachez pas les racines.

Un champ cultivé ne se traverse pas, il se contourne.

Si vous avez un chien, tenez-le en laisse, surtout dans le Luberon ou dans Siou Blanc où l'on rencontre des moutons.

Après le repas n'enterrez pas vos détritus ; ramenez-les à la plus proche poubelle ou chez vous.

Vous êtes les invités du monde rural et forestier : respectez-le !

La prudence

Vent d'Est et mistral sont les vents dominants. Ce dernier, souvent très froid, est toujours violent. Sur les crêtes il est dangereux ; dans ce cas renoncez et cherchez une sortie excluant les hauteurs. Si le mistral vous surprend, redoublez d'attention, tenez les enfants par la main et rebroussez chemin. Là, comme lors de l'arrivée soudaine du brouillard, il n'y a pas de honte à faire demi-tour.

De septembre à février nous sommes en période de chasse. Restez sur les sentiers, marchez en groupe compact, parlez, portez des vêtements voyants et avec les chasseurs soyez plus diplomates qu'agressifs.

C'est une évidence : n'allumez pas de feu, les risques d'incendie sont d'une implacable réalité.

Dans le cadre de la DFCI (Défense des Forêts Contre l'Incendie), à l'exception du Luberon et de la Sainte Baume, les massifs sont interdits d'accès aux promeneurs du 1er juillet au 2ème samedi de septembre, comme l'indiquent des panneaux bilingues placés à demeure aux entrées en forêt. En toute zone et toute l'année, des arrêtés préfectoraux peuvent interdire l'accès pour quelques jours ; les médias vous renseigneront.

Lecture du guide

Lecture

Pour bien choisir votre balade, vous disposerez systématiquement des indications suivantes :

- Itinéraire, kilométrage et durée du trajet aller en voiture depuis Aix,
- Saisons de prédilection,
- Altitudes du lieu de départ, du point culminant du tracé et dénivelée,
- Durée totale de la marche,
- Balisage.

Mais aussi et surtout, vous aurez sous les yeux le plan illustré qui a été dessiné après vérification sur le terrain en 1993. Toutefois toutes les balades ne sont pas représentées à la même échelle pour des raisons techniques évidentes. **Par conséquent pour choisir votre sortie, fiez-vous à la durée effective de la marche.**

La double page suivante vous apporte toutes les clés de lecture de l'ouvrage. Les pages 12, 13, 14 vous donnent la légende détaillée des pictogrammes. Un classement des balades dans l'ordre croissant de leur durée totale : voiture + marche, se trouve à la fin de l'ouvrage.

Balisage

Dans la plupart des balades vous suivrez des itinéraires balisés. Ce sont des associations régionales ou locales qui se chargent, depuis fort longtemps et bénévolement, de l'entretien des sentiers et de leur balisage. Citons : AEP (Association des Excursionnistes Provençaux), EM (Excurs Marseillais), ET (Excurs Toulonnais), CAF (Club Alpin Français), PNRL (Parc Naturel Régional du Luberon). Vous rencontrerez parfois ces sigles accompagnés d'un numéro, généralement au départ du sentier, d'où l'intérêt de citer ces numéros s'ils existent, en plus de la couleur du balisage. Vous rencontrerez aussi des GR (sentiers de Grande Randonnée) marqués par deux traits accolés blanc et rouge ; ils sont l'œuvre de la FFRP (Fédération Française de la Randonnée Pédestre).

Les marques de balisage sont peintes sur les rochers, les arbres...

 continuité du sentier

 ou bien  changement de direction

 voie, direction à ne pas prendre

A noter : un grand rectangle blanc traversé d'un liseré médian rouge ou vert est un signe forestier ou communal, en aucun cas une balise.
Attention ! Un sentier peut être modifié par les organismes habilités (associations, collectivités, etc.) ou encore dégradé par des travaux forestiers… ou les malveillants… Le plan pourra alors suggérer un itinéraire de rechange.

Dénivelées

Dénivelées positives (de montée) cumulées : elles ne sont pas toujours égales à la différence entre l'altitude du départ et celle de l'arrivée, des dénivellations intermédiaires pouvant jouer dans le calcul.

Orientation des plans

Le Nord est systématiquement en haut du plan, sauf dans 4 cas où il est à gauche, un signe particulier le précisant alors. Rive droite et rive gauche d'un cours d'eau ou d'un vallon s'entendent quand on regarde le bas de la vallée.

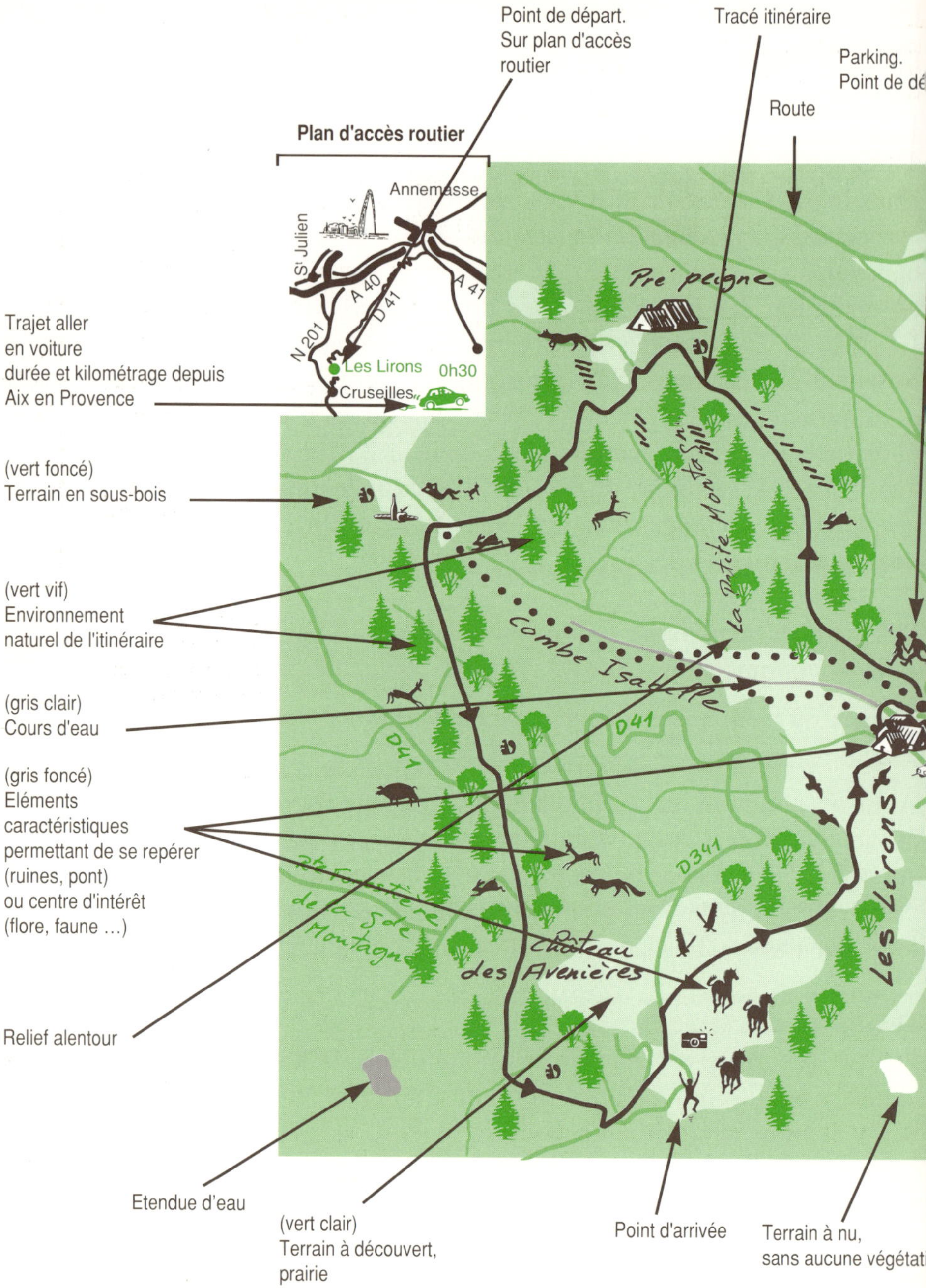

Point de départ.
Sur plan d'accès routier
Tracé itinéraire
Parking.
Point de dé
Route
Plan d'accès routier
Annemasse
St Julien
A 40
D 41
A 41
N 201
Les Lirons
0h30
Cruseilles
Trajet aller
en voiture
durée et kilométrage depuis
Aix en Provence
(vert foncé)
Terrain en sous-bois
(vert vif)
Environnement
naturel de l'itinéraire
(gris clair)
Cours d'eau
(gris foncé)
Eléments
caractéristiques
permettant de se repérer
(ruines, pont)
ou centre d'intérêt
(flore, faune …)
Relief alentour
Etendue d'eau
(vert clair)
Terrain à découvert,
prairie
Point d'arrivée
Terrain à nu,
sans aucune végétati
Pré peigne
Combe Isabelle
D41
D41
D341
Château
des Avenières
Les Lirons

ication et altitude,
nt de départ,
rking

✳ Arrivée et/ou
point culminant
de l'itinéraire

✳ Dénivelée

2 - Circuit des Avenières

✳ Numéro et nom
de la balade
point d'arrivée

✳ Saison(s)
propice(s)
en vert

1290 m, D528 au terminus   1540 m - 116 m

2h00   1h30   balisage blanc et rouge

✳ Information,
balisage

fleurs   champignons   noisettes

A l'extrémité sud du Mont Salève de vastes parties boisées s'étagent au-dessus de Cruseilles et offrent une multitude de parcours. Un circuit au départ des Lirons avec retour par le château des Avenières constitue sans doute une des plus intéressantes de ces possibilités.
Restauration et hébergement possible au château des Avenières Tél : 50 44 02 92.

Texte de
présentation

1re lecture
pour
appréciation
rapide

✳ Temps aller et
temps retour
ou temps pour une
boucle (circuit)

evenir un peu sur la Route des Crêtes pour prendre le chemin qui art peu avant l'emplacement de parking. Ce chemin part immédiate-ient à gauche en rejoignant une piste caillouteuse. Monter en laissant ne bifurcation sur la gauche et poursuivre par le chemin caillouteux ui grimpe dans une combe très peu marquée où des parties déboisées ıccèdent à des zones plus ombragées. On contourne la "Petite Iontagne" en passant sous quelques rochers, pour se diriger vers le ré Peigne. Avant de sortir de la forêt, prendre le sentier qui monte en artant sur la gauche. On trouve plus haut un balisage (point bleu). A n moment il bifurque franchement sur la gauche (balisage). 'ontinuer par ce sentier agréable qui reste quasiment de niveau et finit ar déboucher dans la clairière inférieure des alpages de l'Iselet.

21

Description
de l'itinéraire

✳ Indications de base pour toutes les balades

Légendes des dessins

 Saison

 Balisage

 Accès voiture
(durée et kilométrage)

 Parking

 Aller ou montée (durée)

 Retour ou descente (durée)

 Boucle (durée)

 Départ de la balade

 Pauses sympas pour tous

 Brèche, gorge

 Grotte, gouffre

 Rochers ruiniformes

 Cascade

 Cairn

 Aire envol deltaplanes
et parapentes

 Arrivée, but de la balade

 Altitude du point culminant
et dénivelée

 Point de vue

 Coin sympa pour
pique-nique

 Point d'eau

 Eau non potable

 Variante itinéraire

 Barres rocheuses

 Zone de rocaille,
caillouteuse, pierrier

 Voie ferrée

 Terrain fangeux

 Oppidums Castellaras

 Eglise sans style

Style baroque

Chapelle romane

Monastère

Curiosité historique

Fontaine d'Aix-en-Provence

Ville

Village, bourg, ensemble d'habitations

Hameau

Ruine

Maison isolée, grange

Maison habitée (gîte, refuge, abri)

Plusieurs maisons isolées

Panneau d'information

Pylône et ligne haute tension

Réémetteur TV, antenne parabolique, relais hertzien, radar

Stèle

Oratoire

Calvaire, croix de chemin

Fontaine, abreuvoir

Réservoir ou citerne enterrée DFCI

Citerne

Tour de Vigie

Interdiction temporaire

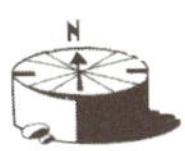
Table d'orientation

Pont

Garrigue, massif épineux, buissons

Champignons

Fleurs

Houx

Sapins ou épicéas

Pins

Feuillus

Chênes verts

Autres chênes

Genévriers

Pins parasols

Cyprès

Cèdres

Oliviers

Buis

Peupliers

Vignes

Arbres fruitiers

Oiseaux

Ecureuils

Lapins

Renards

Sangliers

Chevaux

Castors

Lexique

Baume : mot provençal désignant une grotte
Baou : mot provençal désignant un pic ou une falaise
Cairn : tas de cailloux réalisé par l'homme généralement conique et de hauteur variable, servant de repère
Diaclase : fissure souvent assez large affectant la roche et facilitant la pénétration de l'eau
Karst, relief karstique : mot d'origine slovène désignant une zone de plateaux calcaires érodée par les agents chimiques naturels et donnant des paysages ruiniformes
RDF : route de feu : route accessible aux piétons sauf durant la période d'interdiction dite "rouge"
BDF : barrière de feu : barrière qui empêche l'accès aux véhicules particuliers, mais non aux piétons
Vigie : tour de guet d'où l'on surveille les massifs pendant l'été

Bibliographie

Henry Imoucha *Sainte Baume : Guide des excursions* (1960)
Henry Imoucha *Sainte Victoire : Guide des excursions* (1973)
A. Lucchesi et D. Gorgeon *Randonnée dans la Ste Baume* (1985) Edisud
A. Lucchesi et D. Gorgeon *Randonnée dans la Ste Victoire* (1987) Edisud
Serge Bec et René Bruni *Guide du Luberon* (1986) Edisud
Jean-Paul Coste *Aix et le Pays d'Aix* (1960) S.I. d'Aix-en-Provence
Jean Mazet *La Sainte Baume* (1993) Tacussel
Le Guide Bleu *Provence Alpes Côte d'Azur* (1991) Hachette
Cartes Didier Richard au 1 : 50 000 :
- n° 14 *Luberon, Sainte Victoire*
- n° 24 *Collines provençales*
Marc Teychené *Guide VTT n° 17 : Les collines marseillaises* (1992) Didier Richard

De Sainte Victoire à la Durance

	Temps de marche aller-retour
1 - De Puyloubier au Pic des Mouches	3 h 40
2 - Du Col des Portes au Pic des Mouches	1 h 50
3 - La Croix de Provence par le sentier Imoucha	4 h 25
4 - Le Prieuré par le Chemin des Venturiers	2 h 30
5 - L'Oppidum d'Untinos	1 h 15
6 - Le Col de Bayle	1 h 00
7 - Le barrage Zola et le barrage romain	2 h 00
8 - La Tour de César	1 h 20
9 - Le Concors	3 h 45
10 - La Montagne de Vautubière	2 h 45
11 - Le Belvédère de Çadarache	2 h 10
12 - La Plaine de St Sépulcre	2 h 40
13 - L'Aqueduc de Roquefavour	2 h 25
14 - La chaîne des Côtes et l'Abbaye de Silvacane	3 h 00
15 - Ste Anne de Goiron	2 h 00

Luberon

	Temps de marche aller-retour
16 - De Sivergues au Mourre Nègre	3 h 55
17 - Boufaou et le Coteau de la Combe	3 h 20
18 - Piégros	1 h 45
19 - Circuit de Cabrières d'Aigues	2 h 50
20 - Montjustin	2 h 20
21 - La Roque des Bancs et la Forêt de Cèdres	1 h 50
22 - La Source Mirail et la Bastide du Bois	3 h 00

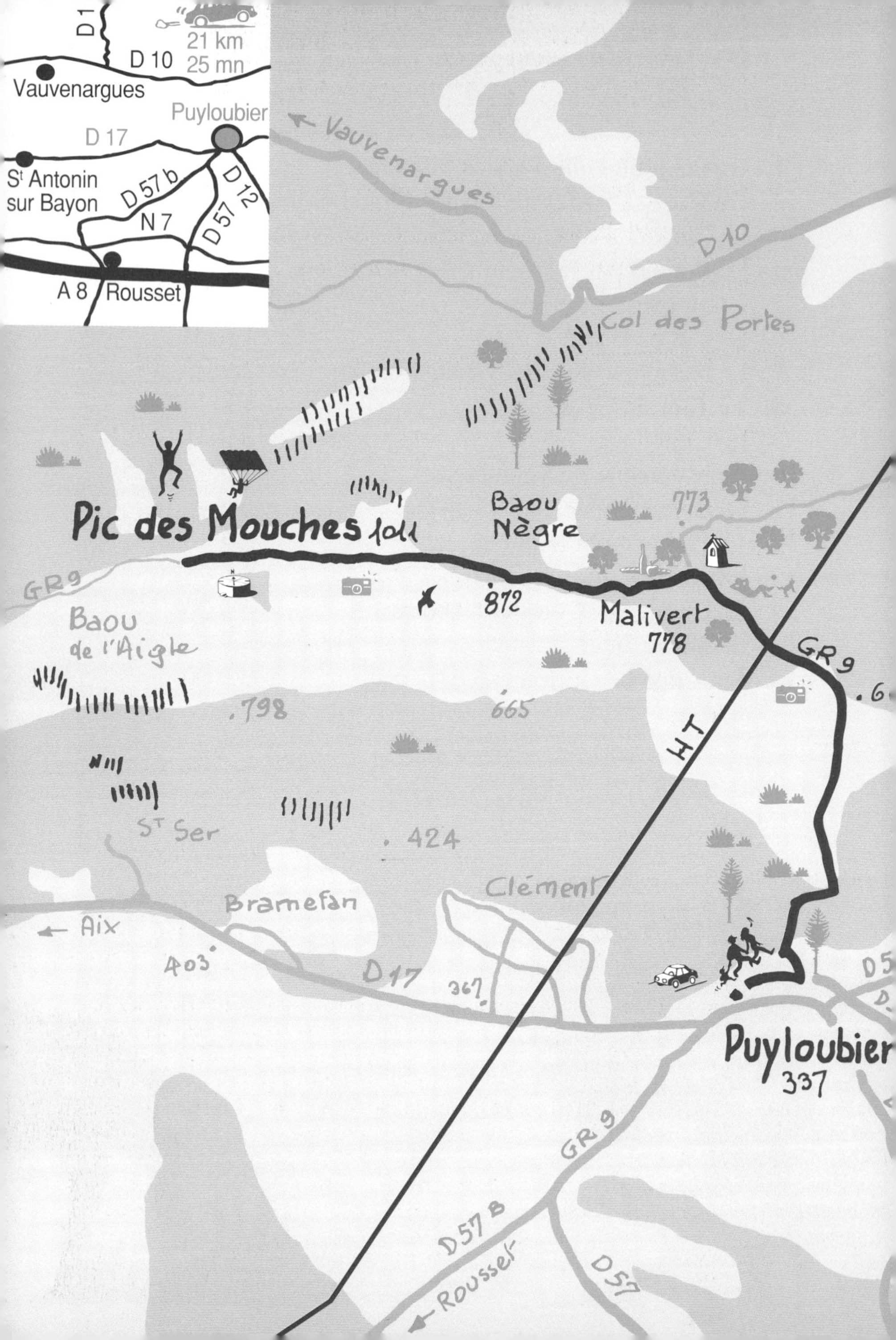

D 1
21 km
25 mn
D 10
Vauvenargues
Puyloubier
D 17
St Antonin
sur Bayon
D 57 b
D 12
N 7
D 57
A 8
Rousset
Vauvenargues
D10
Col des Portes
Pic des Mouches 1011
Baou
Nègre
773
GR9
872
Malivert
778
Baou
de l'Aigle
GR9
.6
.798
665
HT
St Ser
. 424
Clément
Bramefan
Aix
403
D17
367
D5
Puyloubier
337
GR9
D57 B
Rousset
D57

1 - De Puyloubier au Pic des Mouches

Place devant la Maison Commune (Mairie, Poste) - 337 m

1011 m - 674 m

1h55

1h45

GR 9

Puyloubier (Podium Luberium : colline des loups) est bâti sur un éperon au bas de la croupe Est du massif de Ste Victoire. Ce grand village est dominé par un château XII/XVe, détruit en 1830, maintenant restauré.

Au début la balade se déroule dans les zones ravagées par l'incendie d'août 89. Vous aurez deux consolations : dominer la large vallée de l'Arc et, après le site agréable de Malivert, admirer les chênes verts qui repartent du pied.

Le Pic des Mouches, point culminant de l'échine calcaire de 12 km qu'est la Montagne Sainte Victoire, offre un très vaste panorama. Au printemps, les champs de colza d'un jaune lumineux, égaient joliment la vallée de l'Arc.

Puyloubier est à 20 km d'Aix sur la D17, route Cézanne. Se garer sur la grande place.

Le GR 9, que l'on va suivre jusqu'à l'arrivée, remonte le village par la rue P. Jacquemet et la Grand'Rue. Au bout de cette dernière, Place Damase Malet, tourner à gauche et suivre le balisage dans les rues en contrebas du château. A l'extrémité de la rue du Portalet, près d'un panneau de consignes d'incendie, le sentier débute sur la droite. D'abord large et plat, il s'élève à travers une pinède incendiée. Après un replat, on monte régulièrement sur un sol inégal de ressauts et de blocs rocheux (balises parfois peu visibles). Cette zone chaotique et sans végétation se poursuit par quelques dalles à hauteur de la ligne électrique. On s'élève sur la croupe Est du massif et l'horizon se dégage assez rapidement. Les chênes verts apparaissent, c'est l'oratoire de Malivert ; laisser à droite une RDF descendre dans le vallon. Le parcours devient plus agréable sur un sentier caillouteux, bien balisé, parmi les chênes qui redémarrent ; puis la végétation disparaît sur la crête fort dénudée. Ample dépression au col de Cagueloup où l'on rencontre le tracé rouge venant du col des Portes. Un peu plus tard le sommet est atteint (1h55) ; table d'orientation, girouette pour les parapentistes et surtout, vaste panorama : au Nord, falaises de la Citadelle, le Concors au-dessus de Peyrolles et de la Durance, la Montagne de Vautubière, haut-lieu de la commune de Jouques, le Grand Luberon ; au Sud, la longue crête de la Ste Baume et, bien sûr, la large plaine agricole de l'Arc.
Retour par le même chemin qu'à l'aller (3h40).

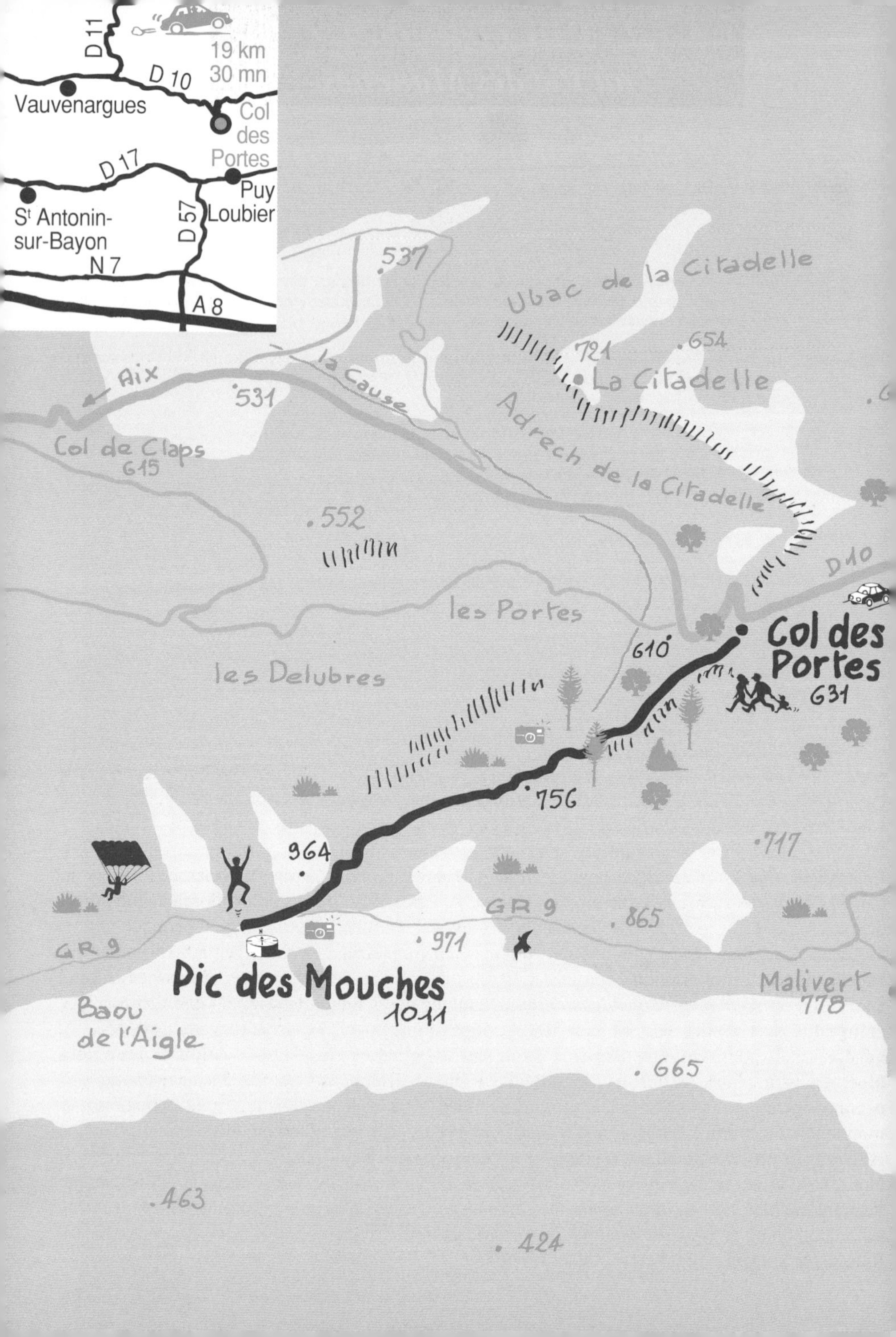

19 km
30 mn
D 11
D 10
Vauvenargues
Col des Portes
D 17
Puy Loubier
St Antonin-sur-Bayon
D 57
N 7
A 8
537
Ubac de la Citadelle
.654
721
La Citadelle
la Cause
Aix
531
Adrech de la Citadelle
Col de Claps
615
.552
D10
les Portes
Col des Portes
631
610
les Delubres
756
964
717
GR 9
.865
971
Pic des Mouches
1011
Baou de l'Aigle
Malivert
778
.665
.463
.424

2 - Du Col des Portes au Pic des Mouches

Col des Portes sur D10 - 631 m — 1011 m - 631 m

1h05 — 0h45 — Rouge

Les flancs Nord de Ste Victoire sont beaucoup plus boisés (chênes verts et, vers le haut, pins sylvestres) et surtout moins abrupts que la face Sud. De plus, le dramatique incendie de l'été 89 a épargné pratiquement tout l'espace que vous allez découvrir.

Au Pic des Mouches, point culminant du massif, vous trouverez une table d'orientation illustrée par une carte due au géographe Cassini (XVIIIe siècle).

Sur la D10, dépasser Vauvenargues, direction Pourrières et Rians. Le col des Portes est à 6 km environ de l'extrémité Est de la déviation de Vauvenargues. (Ne pas confondre avec le col de Claps situé environ à la moitié du parcours). Au col, garez-vous à droite en venant d'Aix.

Le sentier balisé en rouge débute sur la droite près des glissières de sécurité (marques rouges un peu passées, mais présentes sur tout le parcours). Après un démarrage sur terrain facile parmi genévriers et buis, échappée à droite sur la cuvette des Claps. Le sentier monte alors plus vivement ; délaisser une sente qui descend à gauche. On poursuit en corniche un bref instant. En franchissant le lit d'un ruisselet (en général à sec), inscription et flèche rouge "Pic des Mouches" sont très visibles sur un rocher. Les chênes verts abondent suivis de pins. On parvient sur une crête en légère montée vers l'Ouest. Le sentier domine à gauche un petit vallon dénudé ; la végétation n'apparaîtra pratiquement plus jusqu'au sommet. La montée s'accentue parmi des blocs épars sur herbe sèche. On accède à la crête légèrement en retrait des falaises, ici peu prononcées, de la face Sud du massif. Entre deux cairns, le tracé rouge rencontre le GR 9 montant de Puyloubier ; ils cheminent ensemble jusqu'au Pic des Mouches (1h05).
Au sommet, table d'orientation, girouette pour les parapentistes et surtout vaste panorama : au Nord, falaises de la Citadelle, le Concors au-dessus de Peyrolles et de la Durance, la Montagne de Vautubière, haut lieu de la commune de Jouques, le Grand Luberon ; au Sud, la longue crête de la Ste Baume et, bien sûr, la large plaine agricole de l'Arc.
Retour par le même itinéraire (1h50).

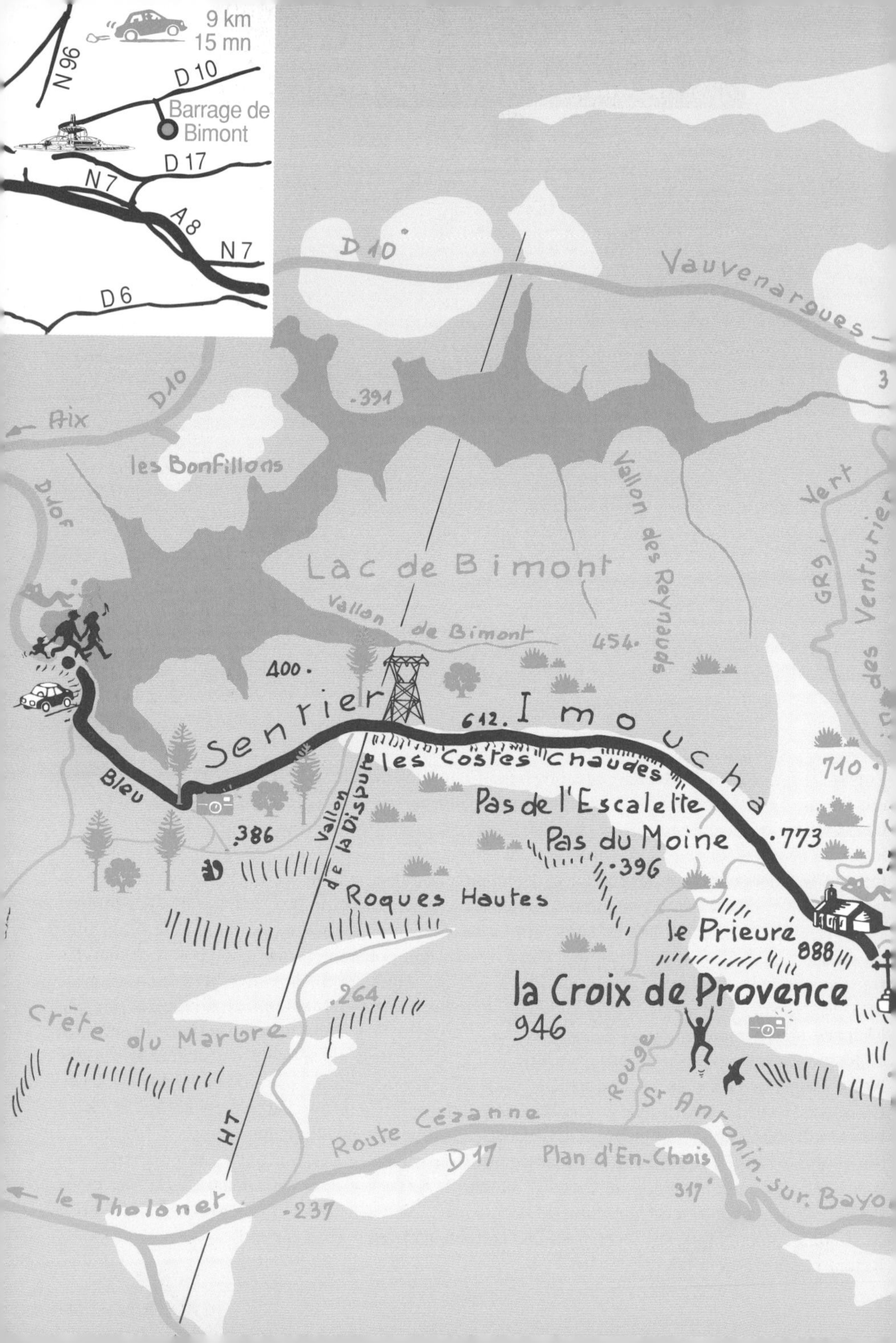

9 km
15 mn
N96
D 10
Barrage de Bimont
D 17
N7
A8
N 7
D 6
D10
Vauvenargues
Aix
D10
.391
les Bonfillons
Vallon des Reynauds
Vert
GR9
Lac de Bimont
Vallon de Bimont
454.
400.
Sentier
612.
Imoucha
les Costes Chaudes
710.
Bleu
Pas de l'Escalette
Pas du Moine
.386
Vallon de la Dispute
.396
.773
Roques Hautes
le Prieuré
888
la Croix de Provence
946
.264
Crête du Marbre
Rouge
St Antonin sur Bayon
HT
Route Cézanne
D 17
Plan d'En-Chois
le Tholonet
.237
317

3 - La Croix de Provence par le Sentier Imoucha

Parking de la Société du Canal de Provence - 353 m

946 m - 593 m

2h40 | 1h45 | Bleu

En général les croix de montagne sont érigées en leur point culminant. Pour Ste Victoire qui culmine au Pic des Mouches (1011 m), c'est sur le pic (945 m) surplombant le Prieuré qu'a été édifiée la Croix de Provence, sans doute à cause de sa proximité avec l'édifice religieux, mais aussi, parce qu'on l'aperçoit d'Aix -capitale de la Provence- et de bien plus loin encore. La croix actuelle, haute de 19 mètres, a été érigée après la guerre de 1870, à l'initiative du curé de Rousset ; elle a remplacé trois croix successivement abattues par le mistral.

Le panorama est l'un des plus spectaculaires de Provence.
Henry Imoucha (1901-1990) a donné son nom au sentier que vous découvrirez. Ce marseillais, alpiniste émérite dans sa jeunesse et aussi randonneur...avant l'heure, a publié de remarquables guides sur les massifs provençaux. Il a été aussi le principal animateur de l'association des "Amis de Ste Victoire" qui a restauré le Prieuré.
Heures d'accès au barrage de Bimont :
Hiver : 1er novembre-28 février, 9h à 18h. Eté : 1er mars-31 octobre, 7h à 22h.

Sur la D10, route de Vauvenargues, après St Marc Jaumegarde, tourner à droite sur la D10F, direction Bimont. Au bout d'1 km environ, la route s'achève au parking du barrage. Se garer devant les clôtures de la Sté du Canal de Provence.

Portail franchi, vous êtes tout de suite sur le barrage qui vous offre d'emblée une vue remarquable sur Ste Victoire. Le sentier Imoucha, balisé en bleu, débute à l'extrémité même du barrage, à gauche (marque classique d'origine de tracé : rond bleu et flèche). Vous le suivrez jusqu'au bout (sans vous préoccuper d'un balisage particulier : rectangle blanc traversé d'un trait mauve). Le sentier s'élève dans les pins ; belles échappées sur le lac de Bimont. Descente facile pour atteindre un chemin large, parmi pins et chênes verts, montant jusqu'à un pylône électrique après lequel le paysage change (0h50).
Le parcours s'effectue dans la garrigue incendiée, mais qui repousse bien, parmi de nombreux ressauts ; le sentier court sur les crêtes des Costes chaudes donnant de belles vues au Nord et au Sud du massif ; le balisage devient plus espacé : soyez vigilants ! Aux abords du Pas de l'Escalette (arrivée des pointillés rouges), puis au Pas du Moine (arrivée du rouge), l'aspect de crête rocheuse se poursuit. Après une cheminée facile, la sente parcourt désormais le versant Nord. Des touffes de buis apparaissent. Le bleu se raccorde au GR 9 et au vert venant des Cabassols dans une épingle au pied d'un petit arbre isolé. Ce triple balisage arrive au Prieuré ; bleu et GR 9 grimpent seuls à la Croix de Provence, en quelques minutes à travers les rochers.
Sur le socle de la croix figurent 4 inscriptions en français, latin, grec et provençal : ne manquez pas de les lire ! Quant au panorama, il englobe toute la Provence et bien au-delà : Delta du Rhône, Alpilles, Ventoux, Luberon, Barre des Ecrins, Pelvoux, Trois Evêchés, Estérel, Maures, Ste Baume, Monts Auréliens, Cap Canaille, Garlaban, Pilon du Roi... (2h40).
Retour par le même itinéraire (4h25).

12 km
20 mn
Vauvenargues
D 10
Les Cabassols
D 17
Le Tholonet
N 7
N 7
A 8
A 52
Aix
D 10
Vauvenarg
les Cabassols
369
les Még
la Cause
le Defens
520
375
Chemin des Venturiers
GR9, Vert
632
710
Vallon des Reynaud
Vallon de Charbourges
l'Infernet
454
le Délubre
635
675
Sentier Imoucha
Bleu
724
396
773
Pas du Berger
796
Brèche des Moines
le Prieuré 888
la Croix de Provence
946
Plan de la Crau
Rouge
Refuge Cézanne
Brun
538
Aix
D 17
Oppidum d'Untinos
311

4 - Le Prieuré par le Chemin des Venturiers

Les Cabassols - 369 m

888 m - 519 m

1h30 1h00 GR 9, Vert

Au Ve siècle, le Prieuré était un simple ermitage. Il prit beaucoup d'essor et les pèlerins furent nombreux. Il y eut des périodes de déclin notamment depuis la Révolution française, amenant le saccage des lieux. En 1955, l'Association des Amis de Sainte Victoire voit le jour et en 4 décennies, réalise une prodigieuse restauration. Dernière en date, le porche vous accueille. La chapelle Notre Dame de Sainte Victoire, édifiée en 1656 puis dégradée, a repris sa destination normale.

Nous trouvons encore l'esplanade verdoyante et fraîche, ainsi qu'un puits, étonnant à cette altitude (eau non potable). A gauche, le monastère a été reconstruit et transformé en refuge : bon abri avec bat-flanc et cheminée. Au Sud, la brèche des Moines ; au-dessus du site, la Croix de Provence.
C'est par le Chemin des Venturiers, pèlerins de jadis au Mont Venture (ancien nom de Sainte Victoire), que vous allez faire la rando-pèlerinage vers ce haut lieu.

Suivre la D10, route de Vauvenargues et se garer sur la droite au parking facilement repérable grâce au panneau des autobus Cartreize : Arrêt des Cabassols.

Se diriger vers l'extrémité Est du parking et prendre le chemin qui descend en contrebas de la route ; vous êtes sur le chemin des Venturiers, le balisage dominant (négliger les autres) étant celui du GR 9 que l'on suivra jusqu'à l'arrivée. Après avoir traversé le pont sur la Cause, on arrive au ruisseau de l'Infernet ; ne pas prendre la piste DFCI qui part sur la gauche, mais franchir le ruisseau à gué (souvent à sec). On retrouve un large chemin qui, d'abord en forte pente, puis par des lacets plus ou moins raides, atteint par paliers successifs la "cote 710", où sont déposés les matériaux destinés au Prieuré (1h05). Interruption du chemin forestier. La progression continue sur un sentier qui, par des lacets de plus en plus amples à flanc de montagne (vue très dégagée), rejoint les balisages bleu et rouge après avoir longé des petits replats appelés "Pré des Moines". Par un court itinéraire commun aux balisages GR, bleu et rouge, atteindre le Prieuré (1h30).
La Croix de Provence (945 m) est à 10 minutes (balade n°3).
Retour par le même itinéraire (2h30).

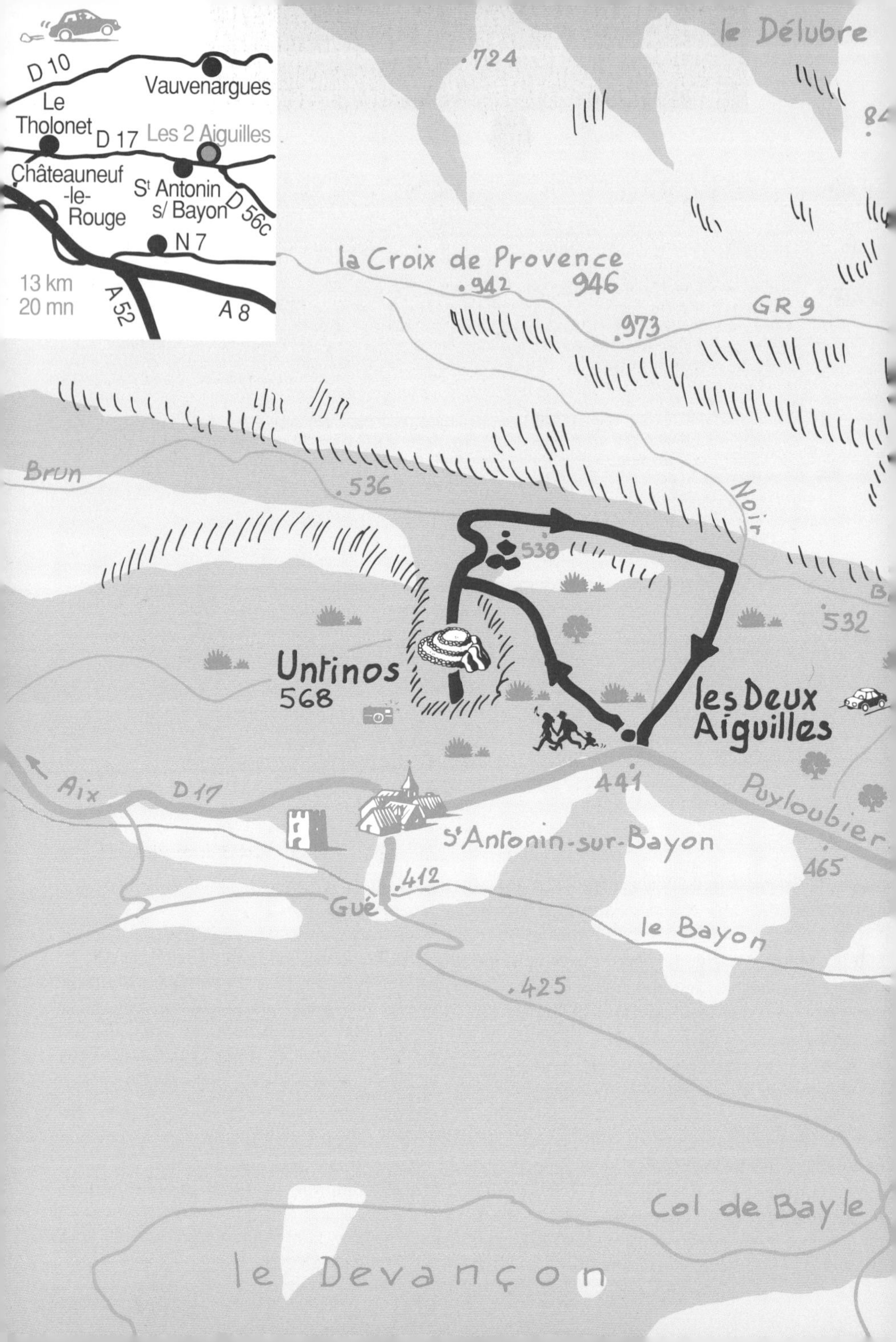

D 10
Vauvenargues
Le Tholonet
D 17
Les 2 Aiguilles
Châteauneuf -le- Rouge
St Antonin s/ Bayon
D 56c
N 7
13 km
20 mn
A 52
A 8
le Délubre
.724
la Croix de Provence
.942
946
GR 9
.973
Brun
.536
Noir
538
532
Untinos
568
les Deux Aiguilles
Aix
D 17
441
Puyloubier
St Antonin-sur-Bayon
465
.412
Gué
le Bayon
.425
Col de Bayle
le Devançon

5 - L'Oppidum d'Untinos

Parking des Deux Aiguilles - 441 m — 580 m - 139 m

1h15 — Au retour seulement : Brun, Noir

L'Oppidum celto-ligure d'Untinos, installé sur un plateau circulaire au pied de Sainte Victoire, remonte au IIIe siècle avant JC. Dispersé par les Romains, démantelé, la vie y subsiste cependant jusqu'au XIe siècle. A cette époque l'agglomération s'implante plus bas, au-dessus du ruisseau du Bayon et devient Saint Antonin sur Bayon.

Seuls un pan de mur et des fouilles en cours sont les témoins visibles du passé. Saint Antonin est l'un des plus petits villages du département.

Son château, remanié au XVIIIe, date du XIIe-XIIIe ; le restaurant "Relais Croix de Provence" occupe les anciens communs. L'église date du XVIIIe.

Sur la D17, direction Est, dépasser le village de Saint Antonin et environ 500 m plus loin, se garer au parking des Deux Aiguilles.

Sur la gauche à l'entrée du parking, se diriger vers la table de pique-nique ; prendre le chemin non balisé qui serpente d'abord à travers une plantation, puis devient un sentier étroit en pente plus forte à flanc de coteau ; après une dernière accentuation de la pente, on parvient au sentier qui traverse le plateau final. Le suivre à travers la garrigue, direction Sud, jusqu'au pan de mur de l'oppidum dès lors bien visible (0h30). S'approcher *(prudemment)* du bord de la falaise : le village de Saint Antonin est à vos pieds ; au Sud, belle vue panoramique, tandis qu'au Nord, tout proche, l'immense mur blanc de Sainte Victoire, d'où émerge la Croix de Provence, barre l'horizon.

Retour :

- soit par le même itinéraire,
- soit revenir sur ses pas, laisser sur la droite le sentier de montée et continuer, direction Nord, jusqu'à apercevoir le sentier bien marqué qui longe la base des parois ; après l'avoir facilement rejoint (balisage brun), le suivre direction Est pendant 15 minutes environ ; on croise alors un chemin balisé en noir ; le prendre, à droite, il mène au parking (1h15).

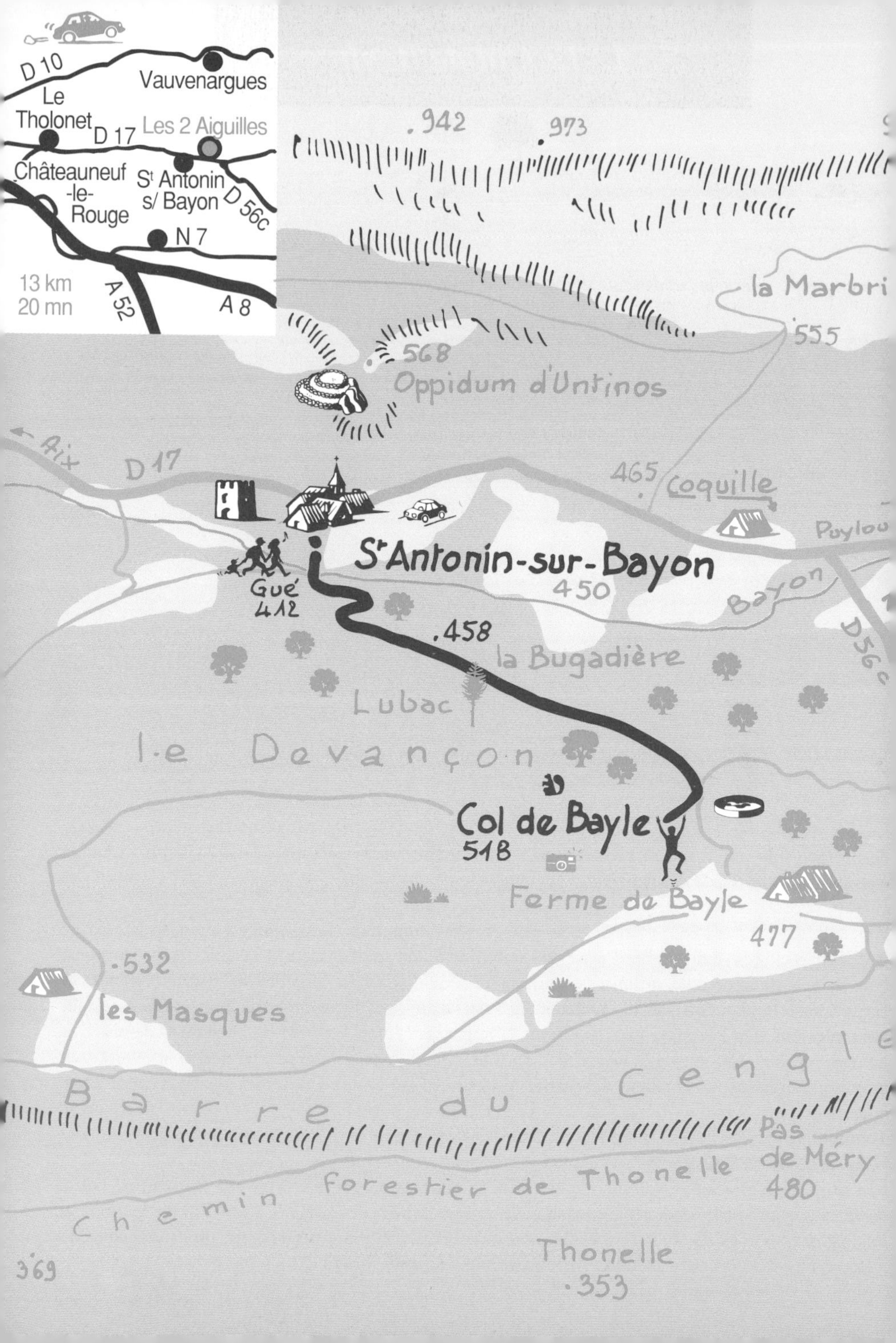

D 10
Vauvenargues
Le
Tholonet
D 17
Les 2 Aiguilles
Châteauneuf
-le-
Rouge
St Antonin
s/ Bayon
D 56c
N 7
13 km
20 mn
A 52
A 8
.942
.973
la Marbri
.555
568
Oppidum d'Untinos
Aix
D 17
465
Coquille
Puylou
St Antonin-sur-Bayon
Gué
412
450
Bayon
.458
la Bugadière
D56c
Lubac
le Devançon
Col de Bayle
518
Ferme de Bayle
477
.532
les Masques
Barre du Cengle
Pas
de Méry
480
Chemin forestier de Thonelle
Thonelle
.353
369

6 - Le Col de Bayle

Parking de Saint Antonin - 450 m | 518 m - 144 m

0h35 | 0h25 | Pas de balisage particulier

Le Plateau du Cengle est en quelque sorte le socle méridional de Sainte Victoire. Vous allez parcourir sa partie Est encore bien boisée.

Le col de Bayle en est l'un des points culminants d'où l'on domine, sans la voir, la ferme de Bayle ; celle-ci fut au XIIe siècle, l'une des premières commanderies de Templiers en Provence. Ce site historique, actuellement siège d'une importante exploitation agricole est interdit d'accès aux promeneurs, dommage !

Le point de vue après le col est, à lui tout seul, très intéressant.

Suivre la D17 jusqu'à Saint Antonin sur Bayon. Dépasser de quelques mètres la rampe accédant au village. Parking à droite entre route et bergerie.

Descendre la route entre restaurant et mairie, église. Franchir le ruisseau, le Bayon, à gué. Mais en période très pluvieuse, ce gué bétonné peut atteindre 15 cm d'eau : dans ce cas, revenir chercher la voiture (d'ailleurs toute proche) pour traverser le gué, puis se garer au bord du chemin vers la gauche.
Progresser sur cette large et régulière RDF. Après deux épingles, le parcours est quasiment rectiligne et en montée douce sous les pins et les chênes blancs. Conserver cette voie, non balisée mais évidente, en délaissant tous les chemins partant à gauche et à droite. Au col de Bayle, carrefour à quatre voies, délaisser la voie de gauche venant de la D56C ainsi que le la voie interdite descendant à la ferme (panneau) ; utiliser la voie de droite en franchissant la BDF. Un tracé jaune apparaît ; le suivre 200 à 300 m en laissant à gauche la citerne 232. Parvenu sur un vaste mamelon, se hisser sur les petits rochers à gauche. Vous verrez en contrebas une zone boisée : c'est la ferme de Bayle ; devant vous une ample cuvette cultivée, défrichée jadis par les Templiers ; plus en avant, la crête verte cachant les falaises, limite du plateau ; et enfin un bel horizon au Sud : Rousset et la vallée de l'Arc, les Monts Auréliens, la Sainte Baume, la chaîne de l'Etoile et le Pilon du Roi.
Revenir par le même itinéraire ; tout au long de la descente, à travers les arbres, vous pourrez à loisir contempler Sainte Victoire et le village de Saint Antonin avec son imposant château des XIIe et XIIIe siècles. Refranchir le gué et retouver le bitume ! (1h).

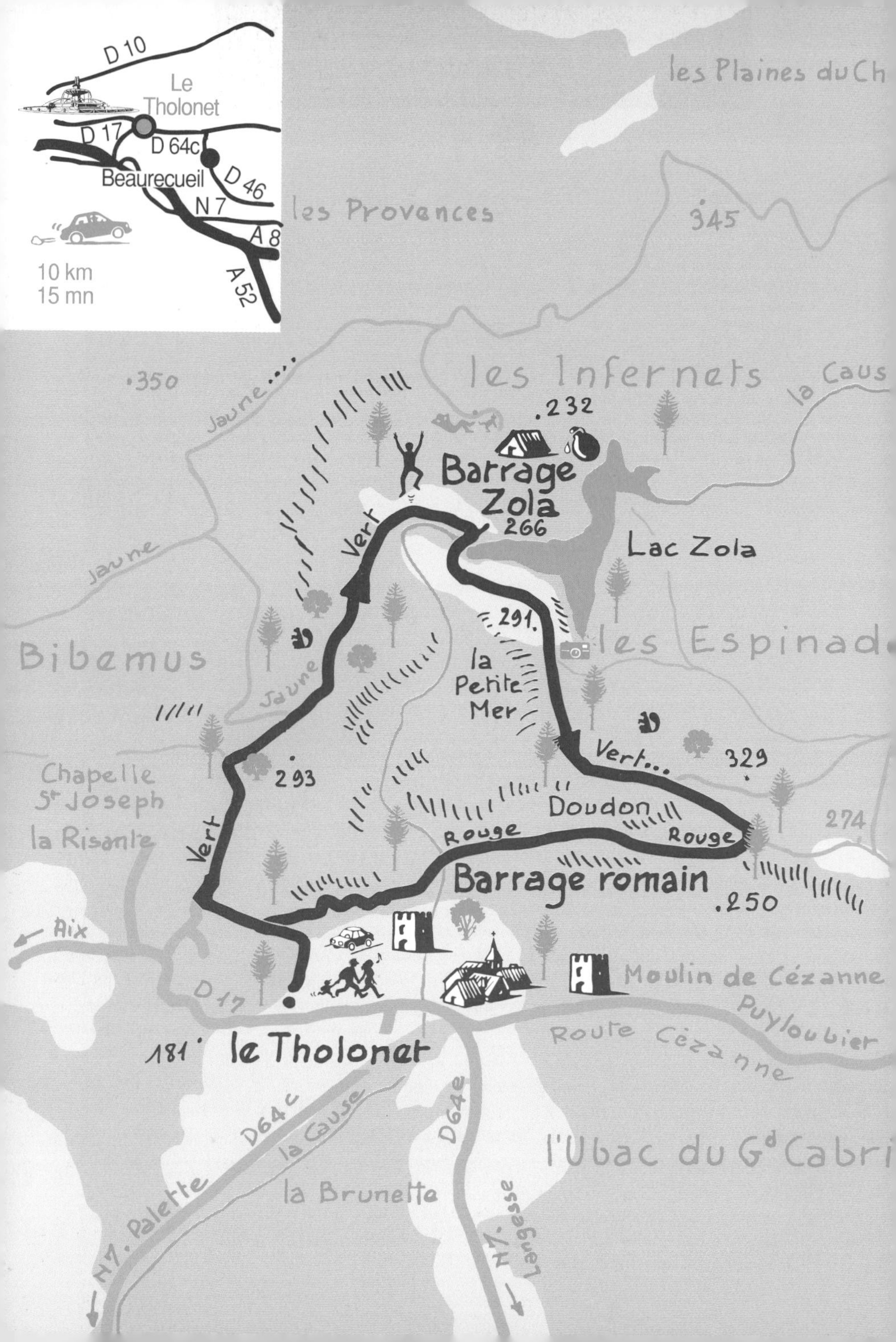
D 10
Le Tholonet
D 17
D 64c
Beaurecueil
D 46
N 7
A 8
A 52
10 km
15 mn
les Plaines du Ch
les Provences
345
.350
Jaune....
les Infernets
la Caus
.232
Barrage Zola
266
Lac Zola
Jaune
Vert
291.
la Petite Mer
les Espinad
Bibemus
Jaune
Chapelle St Joseph
la Risante
293
Vert...
329
Doudon
Rouge
Rouge
274
Vert
Barrage romain
.250
Aix
Moulin de Cézanne
D 17
Puyloubier
Route Cézanne
181
le Tholonet
l'Ubac du Gd Cabri
D64c
la Cause
D64e
la Brunette
N7. Palette
N7. Langesse

7 - Le Barrage Zola et le Barrage Romain

P+J

Centre du village du Tholonet - 181 m — 291 m - 110 m

2h00 — Vert, Vert pointillé, Rouge

La vallée de la Cause recueille les eaux du versant Nord de Sainte Victoire. De tout temps on s'est ingénié à les domestiquer en utilisant les gorges des Infernets. Les lacs de retenue des plus récents barrages Zola (1852) et de Bimont (1952) ainsi que leurs abords constituent des sites pittoresques, d'ailleurs bien connus.

Le circuit que nous vous proposons se situe dans un secteur épargné par les incendies, où le vert dense des pins, la terre rouge, le blanc des roches calcaires composent un paysage aux couleurs éclatantes.

Après avoir contemplé de bas en haut l'imposant mur de pierres du barrage Zola, vous découvrirez l'emplacement de la Petite Mer, ancienne retenue d'eau d'un barrage du XVIIIe siècle qui alimentait les jardins du château du Tholonet, et enfin les vestiges de l'aqueduc romain, improprement appelé barrage.

Sur la D17, route Cézanne, aller jusqu'au Tholonet. Parking au centre du village.

Reprendre la D17, direction Aix, sur 200 m environ et tourner à droite sur le Chemin de la Paroisse. Après un coude vers l'Ouest, le goudron disparaît ; continuer sur un chemin de terre (balisage vert peu visible) qui s'élève dans la pinède jusqu'à une RDF. La suivre à droite après avoir franchi une barrière : elle monte sur la rive gauche du vallon, puis atteint un collet où, près d'une petite tour de pierres, débouche sur la gauche un chemin de terre dont le balisage jaune s'ajoute désormais au vert de la piste. Après une descente en forte pente, la piste atteint l'aire de repos de la maison de l'ONF, aux volets rouges. Remonter alors vers le barrage et le traverser en suivant toujours le tracé vert. Tandis qu'on rejoint la piste de terre, on découvre à droite une pinède dense au bas d'une falaise, c'est la Petite Mer. Dans un virage, la piste atteint un belvédère (1h00) : belle vue sur le lac Zola ; plus loin on aperçoit le haut du barrage de Bimont, la crête des Costes chaudes et Sainte Victoire surmontée de la Croix de Provence.
Après une descente suivie d'une remontée, juste avant un second belvédère avec des bancs, abandonner la piste et prendre sur la droite un sentier qui débute par un passage étroit entre les rochers (balisage en points verts). Poursuivre sur ce sentier en corniche au-dessus d'une combe boisée et bordé à gauche par des rochers aux formes curieuses ; 10 mn après, on atteint un chemin plus large qu'on prendra sur la droite (balisage rouge) ; descendre au fond du vallon pour déboucher sur une clairière plantée de platanes et fermée à gauche par les vestiges du "barrage" romain. Traverser le ruisseau, puis le canal et par une brève mais raide montée en zigzag, atteindre un large et confortable chemin qui, d'abord en balcon au-dessus du château du Tholonet, puis en descente régulière, rejoint le Chemin de la Paroisse.
Retour par l'itinéraire de départ (2h00).

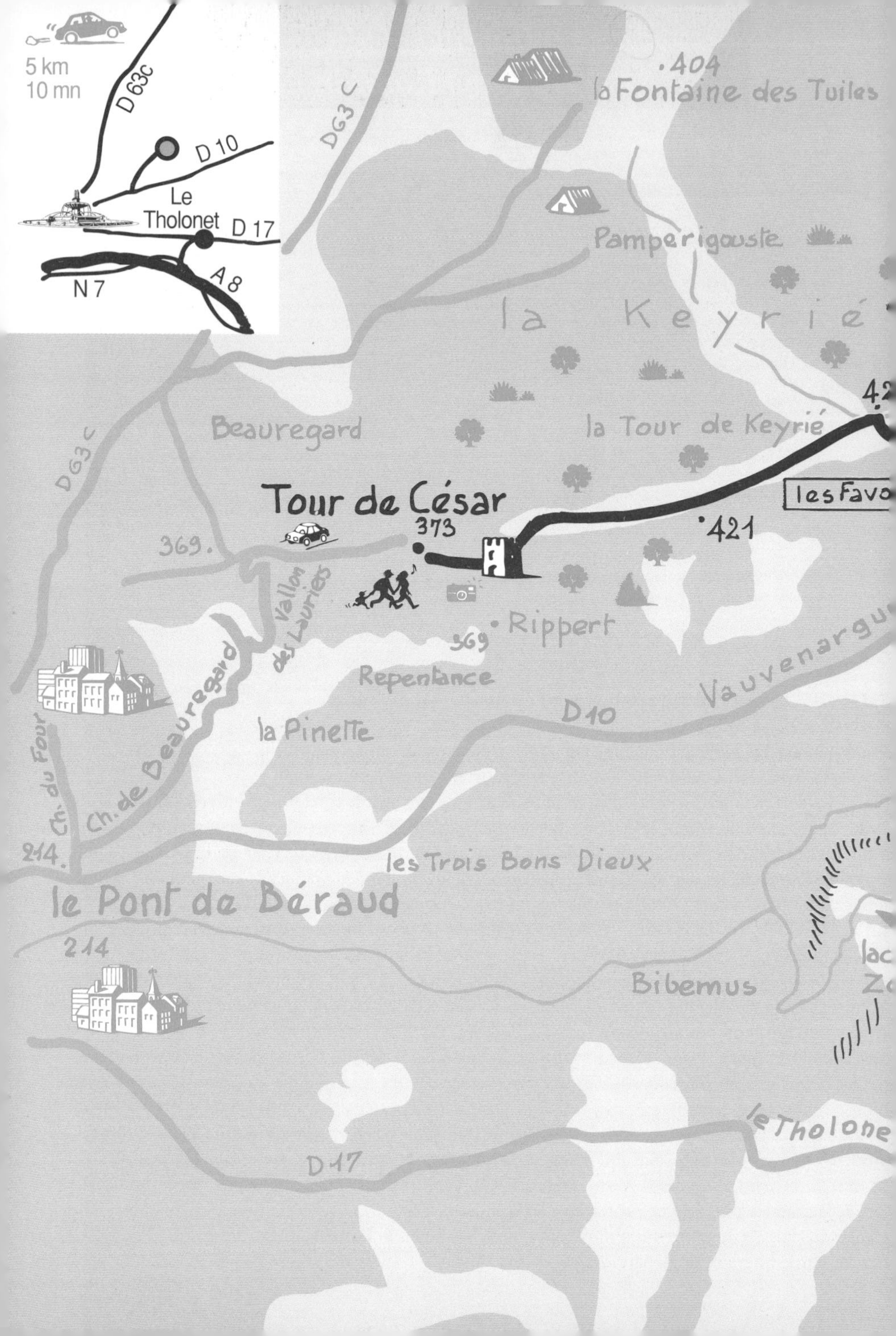

5 km
10 mn
D 63c
D 10
Le
Tholonet
D 17
A 8
N 7
.404
la Fontaine des Tuiles
DG3 C
Pamperigouste
la Keyrié
42
la Tour de Keyrié
Beauregard
DG3 C
Tour de César
373
les Favo
.421
369.
Vallon des Lauriers
Rippert
369
Repentance
Vauvenarg
Ch. de Beauregard
Ch. du Four
la Pinelte
D10
214.
les Trois Bons Dieux
le Pont de Béraud
214
Bibemus
lac
Zo
le Tholone
D 17

8 - La Tour de César

Extrémité Ouest du plateau de la Keyrié - 373 m

429 m - 56 m

0h40

0h40

Pas de balisage particulier

La Tour de César est une ancienne tour de guet du XIVᵉ siècle, cylindrique, haute de 15 m environ, située à l'extrémité Sud-Ouest du vaste plateau recouvert de chênes verts que longe, au Sud, la route de Vauvenargues.

Cette courte balade aux portes de la ville présente un double intérêt : vue remarquable sur les environs d'Aix pendant la courte montée à la tour, et possibilité de se dégourdir les jambes, prendre l'air sur une distance que vous fixerez à votre guise ; excellent pour une promenade apéritive ou digestive !

Avenue J. et M. Fontenaille, amorce de la route de Vauvenargues, direction Est, dépasser le lycée Cézanne, puis prendre à gauche la direction Beauregard. Suivre alors le Chemin de Beauregard, puis le Chemin du Vallon des Lauriers qui, par de nombreux lacets, s'élève entre les clôtures de propriétés privées. Arrivé devant l'allée qui conduit à la Mazarine (panneau), tourner à droite et poursuivre jusqu'à la fin de la route goudronnée. Nombreux emplacements de parking.

Suivre le chemin rocailleux qui monte à la Tour dès lors visible. Dès que vous aurez pris un peu d'altitude, déportez-vous sur la droite et contemplez le paysage : au Sud-Est, Sainte Victoire et la Croix de Provence ; au Sud, le massif de l'Etoile ; à l'Ouest, l'Aqueduc de Roquefavour au pied de la chaîne de Vitrolles ; puis, en remontant vers le Nord, les hauteurs bordant les deux rives de la Durance jusqu'au Luberon... Après avoir achevé la montée et exploré la Tour et ses alentours immédiats, engagez-vous sur la piste forestière qui part vers l'Est. A gauche s'étend le vaste domaine privé de la Keyrié dont on longe les clôtures. A droite, quelques murs de propriétés et des toits de maisons apparaissent discrètement à travers les arbres. Vous pouvez ainsi parcourir des kilomètres sur la piste pratiquement horizontale, dans le calme reposant d'une nature intacte. A titre purement indicatif si vous allez jusqu'à l'arrivée sur le plateau du Chemin des Savoyards (quartier des Favoris), vous en aurez pour 1h20 environ aller-retour.

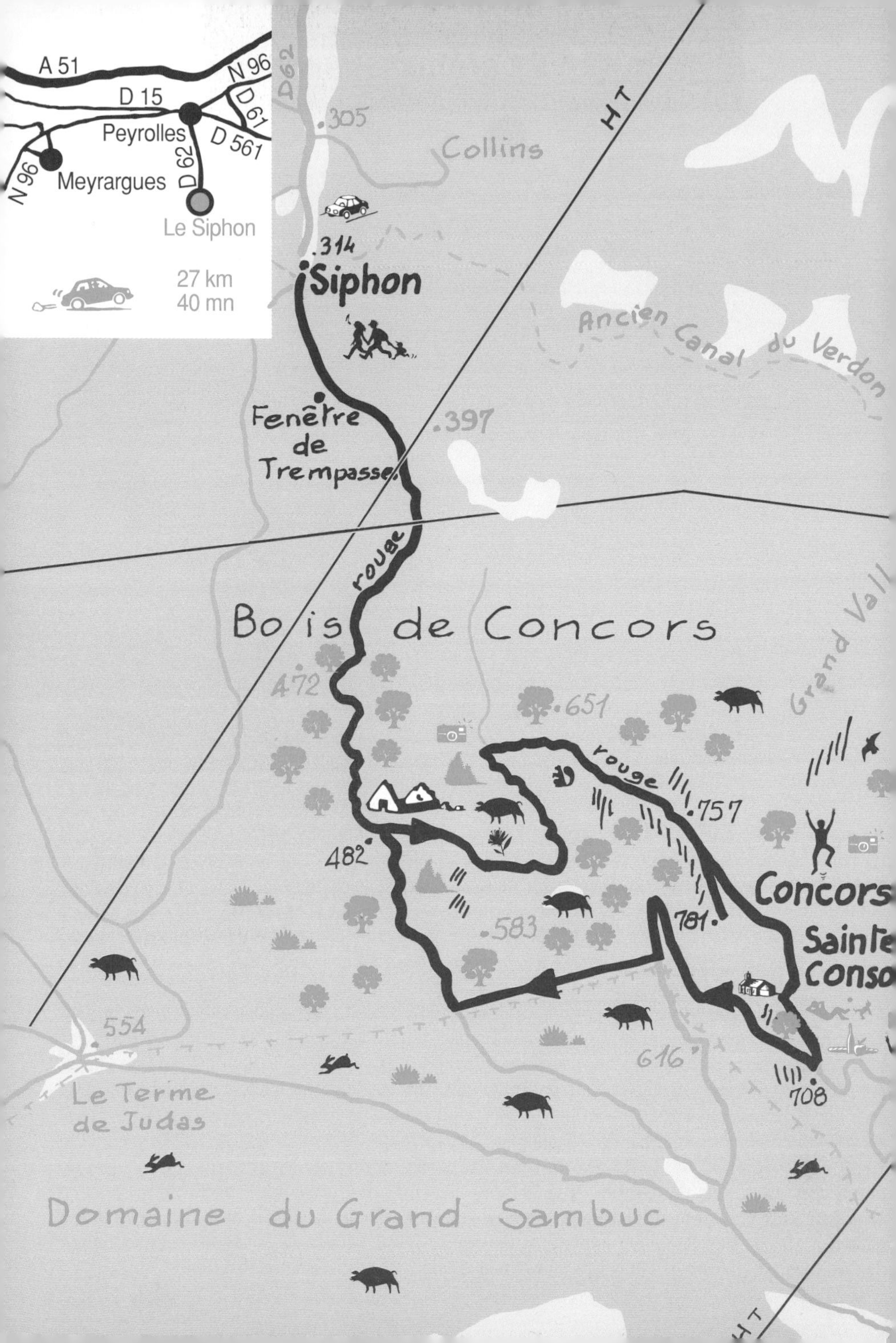

A 51
N 96
D 15
D 61
Peyrolles
D 561
N 96
D 62
Meyrargues
Le Siphon
27 km
40 mn
D62
.305
Collins
HT
.314
Siphon
Ancien Canal du Verdon
Fenêtre de Trempasse
.397
rouge
Bois de Concors
472
.651
Grand Vall
rouge
.757
482
Concors
781
.583
Sainte Conso
554
616
708
Le Terme de Judas
Domaine du Grand Sambuc
HT

9 - Le Concors

J+P

au pied du siphon - 314 m — 781 m - 467 m

1h55 — 1h50 — Rouge

Le Concors est à Sainte Victoire ce que le Brévent est au Mont-Blanc : un remarquable belvédère. Tout y est, le recul (8 km à vol d'oiseau), la silhouette dentelée de la montagne de Cézanne vue du côté que le peintre a peu fréquenté !...

Ce sommet nous offre aussi la petite chapelle de Sainte Consorce blottie dans les chênes et précédée d'un très beau balcon naturel face à Sainte Victoire bien sûr, mais aussi à la vallée de la Durance, au Grand Luberon. La légende dit que Sainte Consorce serait la fille de Saint Ser et la sœur de Sainte Victoire : un lien de plus entre les deux montagnes !

Sur la D62, route de la Trempasse, parcourir 3,8 km après le pont du canal EDF. Parvenir au siphon de l'ex-canal du Verdon. Les têtes du siphon, semblables à de gros piliers, émergent de la verdure de chaque côté de la route. A droite au bord de la chaussée à l'angle d'un chemin, l'origine du tracé rouge est peinte au sol.

Le goudron disparaît au bénéfice d'un chemin de terre. Longer à droite la fenêtre de Trempasse du Canal de Provence ; barrière de feu, deux lignes HT. Le chemin sinueux et large remonte le Bois de Concors ; balisage rouge discret mais suffisant (0h35). Ruine bien visible à gauche ; délaisser le chemin forestier à droite. Continuer tout droit dans une végétation basse. Peu après à gauche, épingle très nette et début d'un sentier en lacet ; on domine le Bois. Balisage espacé mais tracé évident. Le sentier qui montait au Nord oblique à l'Est ; ici, délaisser une sente allant tout droit. Peu après, le sentier monte dru et longe les bornes communales entre Jouques et Peyrolles. Ensuite escarpements faciles ; à gauche petite baume percée d'où l'on voit Jouques et la Durance (1h25). Le balisage s'intensifie car on aborde le bas des falaises, un peu plus escarpé mais facile. Arrivée à l'extrémité Nord de la crête au signal géodésique dégradé. Direction Est, on accède à l'héliport, puis dans une épingle à une RDF conduisant à la vigie du sommet (1h55), fin du balisage. Revenir à l'épingle ; descendre la RDF. Sur la droite, emprunter un raidillon beaucoup plus net que le cairn le signalant. Arrivée à la chapelle Sainte Consorce (2h15).
Derrière la chapelle un sentier bien tracé rattrape la RDF à proximité d'un carrefour ; s'engager sur la voie de droite. Plus loin, épingle très prononcée. Quand on bute sur la clôture de la Sambuc, la longer en descendant à droite. A hauteur d'un grand portail avec grilles au sol (2h55), tourner à droite dans la voie herbeuse et atteindre la ruine repérée à la montée ; descendre alors à gauche par le chemin de l'aller (3h45).

D 552
A 51
N96
D11
Bèdes
D 561
Jouques
La Mixte
D 561
D 11
27 km
40 mn
St Paul l. D.
HT
H
Bèdes
La Boulangèr
429.
.434
La Grande Séouve
de
D 11
Bèdes, Jouques
.429
Bois de la Séou
507.
La Tanlire
414
Lingouste
Plateau
Notre Dame
La Mixte
.634
.494
.612
400
384
658
Montagne de Vautubiere
La Plaine de Fouque
374

10 - La Montagne de Vautubière

A l'extrémité de la route goudronnée - 400 m

658 m - 258 m

2h45

Pas de balisage particulier

La Montagne de Vautubière domine Jouques au levant. Sans être la plus élevée de la commune, elle offre un excellent panorama : Grand Luberon, Ventoux, Lure, Dévoluy, Cadarache, Gros Bessillon, Mont Olympe, Sainte Baume, Sainte Victoire...

La montée dans une semi-garrigue est agréable. La descente s'effectue dans la forêt de chênes et de buis, ces derniers fréquents sur le plateau de Bèdes.

Ne manquez pas de flâner dans le joli village de Jouques : vieilles rues, Hôtel de Ville du XVIIIe, musée rural, ancien palais des archevêques d'Aix, chapelle Notre Dame de la Roque, château d'If, le Grand Pré.

Après Jouques sur la D11, atteindre le hameau de Bèdes : panneaux indiquant les hameaux voisins. Prendre à droite la route goudronnée desservant Notre Dame, la Mixte, jusqu'à son extrémité environ 1,7 km. En ce point, laisser à gauche le bon chemin de terre poursuivant jusqu'à Lingouste. Se garer près des cyprès.

Suivre le chemin de terre qui, prolongeant la route, borde à gauche un champ d'oliviers, puis s'élève en forêt peu dense. Longer à gauche un muret de pierres sèches jusqu'à ce qu'il tourne vers la gauche ; on aperçoit alors sous les pins une petite chapelle-tombeau. Quelques lacets ; peu à peu le chemin devient sentier, en palier ou en montée, dans la garrigue. Dans les deux cas, agréable balcon à flanc dominant la plaine traversée par le canal de Provence.
Le sentier monte encore et se rétrécit le long des tertres rocheux garnis d'iris nains au printemps. On atteint la crête à une centaine de mètres de la vigie de Vautubière (1h00) : panorama imposant. La descente s'effectue par la RDF desservant la vigie, à travers la forêt communale de Jouques. Au col de Vautubière (au profil peu net et non signalé) arrive à droite un chemin butant sur une barrière de feu : le négliger tout comme, ici ou là, des balises marrons. On rencontre plusieurs "engrenées" (champs de céréales), ainsi qu'une mare, destinées au gibier. Barrière de feu pour sortir de la forêt communale, avec à droite, cachée par les arbres, une citerne rouge. Après les chênes de la colline, les pins apparaissent sur le plateau de Bèdes. Traverser une vigne ; on arrive dans le domaine de la Grande Séouve (vente de vin). Tourner à gauche sur une route empierrée puis goudronnée ; la suivre sur 800 m environ jusqu'à un virage à droite assez net et après avoir laissé une grange à gauche (2h15). Dans ce virage, prendre à gauche un chemin de terre débutant en patte d'oie. 200 m plus loin, laisser à droite un chemin identique ; 200 m encore mais à gauche, délaisser l'accès à la Tanlire. Poursuivre direction Sud-Sud-Ouest le large chemin carrossable qui peu après passe 100 m en contrebas des bâitments de Lingouste. Longer sur un autre côté le champ d'oliviers du départ. C'est ensuite le parking (2h45).

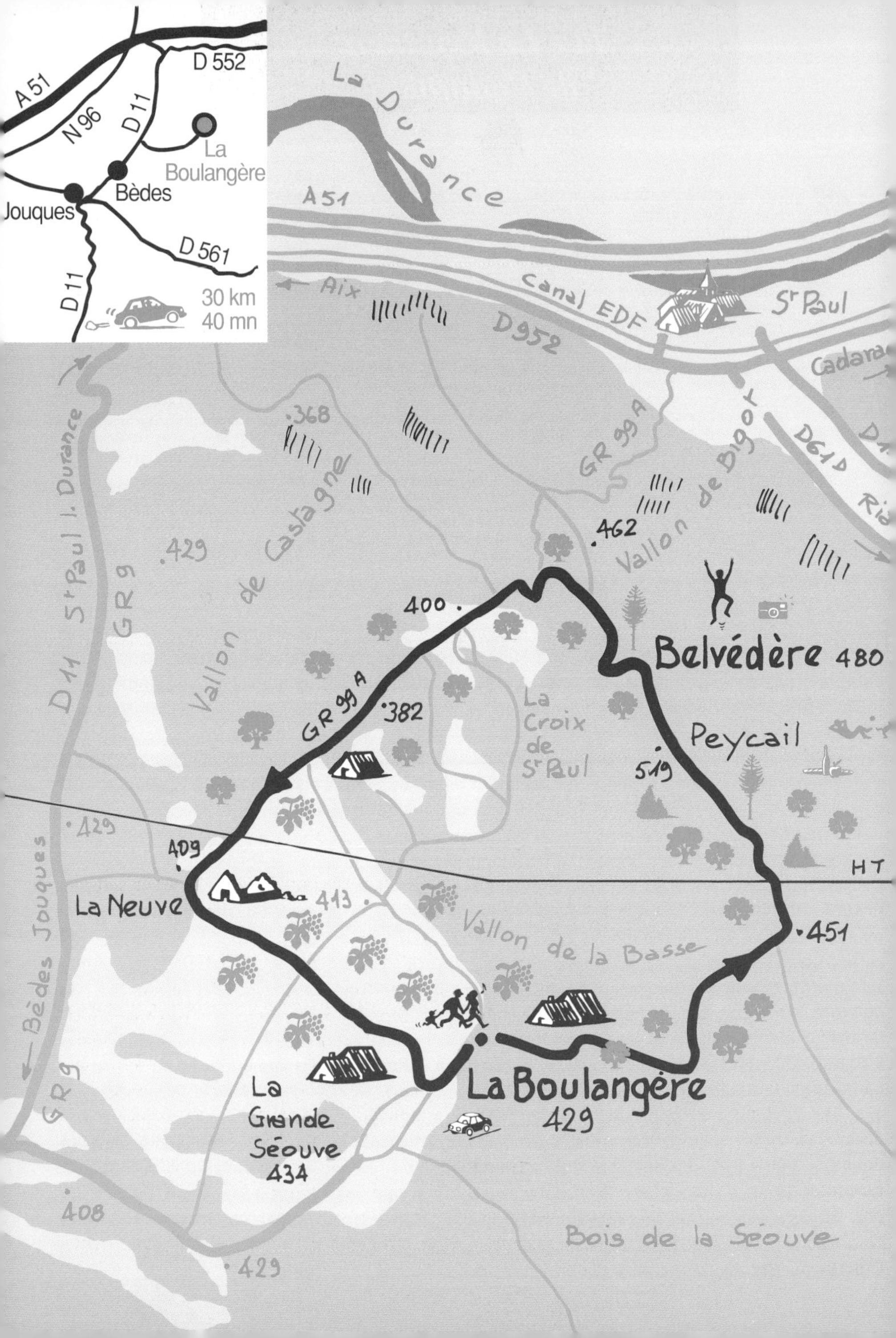

A 51
N 96
D 11
D 552
La Boulangère
Bèdes
Jouques
D 561
D 11
30 km
40 mn
La Durance
A 51
Aix
Canal EDF
St Paul
D 952
Cadarache
GR 9 A
Vallon de Bigot
D 61 D
.368
Vallon de Castagne
.462
.429
D 11 St Paul l. Durance
GR 9
Vallon
400.
Belvédère 480
GR 9 A
.382
La Croix de St Paul
Peycail
519
.429
409
HT
La Neuve
413
.451
Vallon de la Basse
Bèdes Jouques
GR 9
La Boulangère
429
La Grande Séouve
434
408
Bois de la Séouve
.429

11 - Le Belvédère de Cadarache

Face à la Cave de la Grande Séouve - 429 m

519 m - 137 m

2h10

GR 99A, partiellement

On pourrait dire le belvédère des Cadaraches... En effet, si le Centre d'Etudes Nucléaires, installé dans ces lieux depuis trois décennies est très connu, il existe sous le même nom la belle forêt domaniale, le château maison d'hôte du CEN, le barrage EDF au confluent Verdon-Durance et enfin le vaste bassin d'éclusée longé par l'autoroute A51. Toutes ces œuvres naturelles ou humaines s'harmonisent bien dans la plaine de la Durance, aux portes de Manosque.

Après Jouques, sur la D11, dépasser le hameau de Bèdes d'environ 2,3 km. Tourner à droite devant le panneau de la Grande Séouve. Parcourir 2,2 km. Se garer en face de la Cave en utilisant l'accès camions (panneau).

Face à la Boulangère partir à droite sur un large chemin. Peu après, entrer dans la forêt communale de Jouques (panneau). Laisser un chemin à droite. Plus loin citerne 303 dite de la Grande Séouve ; laisser 2 chemins à droite. Passer sous l'importante ligne électrique qui, à Cadarache, dessert le laboratoire de pointe Tore-Supra. Le chemin monte en lacet sur terrain caillouteux. Les repères forestiers (rectangle blanc avec liseré médian rouge) ne vous concernent pas. Site agréable au sommet du Peycail, borne IGN (0h50). La descente s'amorce et c'est la découverte du belvédère. Deux épingles, barrière de feu et sortie de la forêt communale. Plus bas dans un creux, abandonner le chemin montant face à soi et tourner à gauche. Peu après, rencontre du GR 99A, sentier de liaison entre GR 99 et GR 9. Suivre à gauche le 99A sur un chemin carrossable jusqu'aux ruines de la ferme de la Neuve. Laisser ces ruines à gauche, cheminer sur la voie desservant le vignoble de la Grande Séouve, constamment visible. Contourner par la gauche les bâtiments (vente de vin) jusqu'à la voiture (2h10).

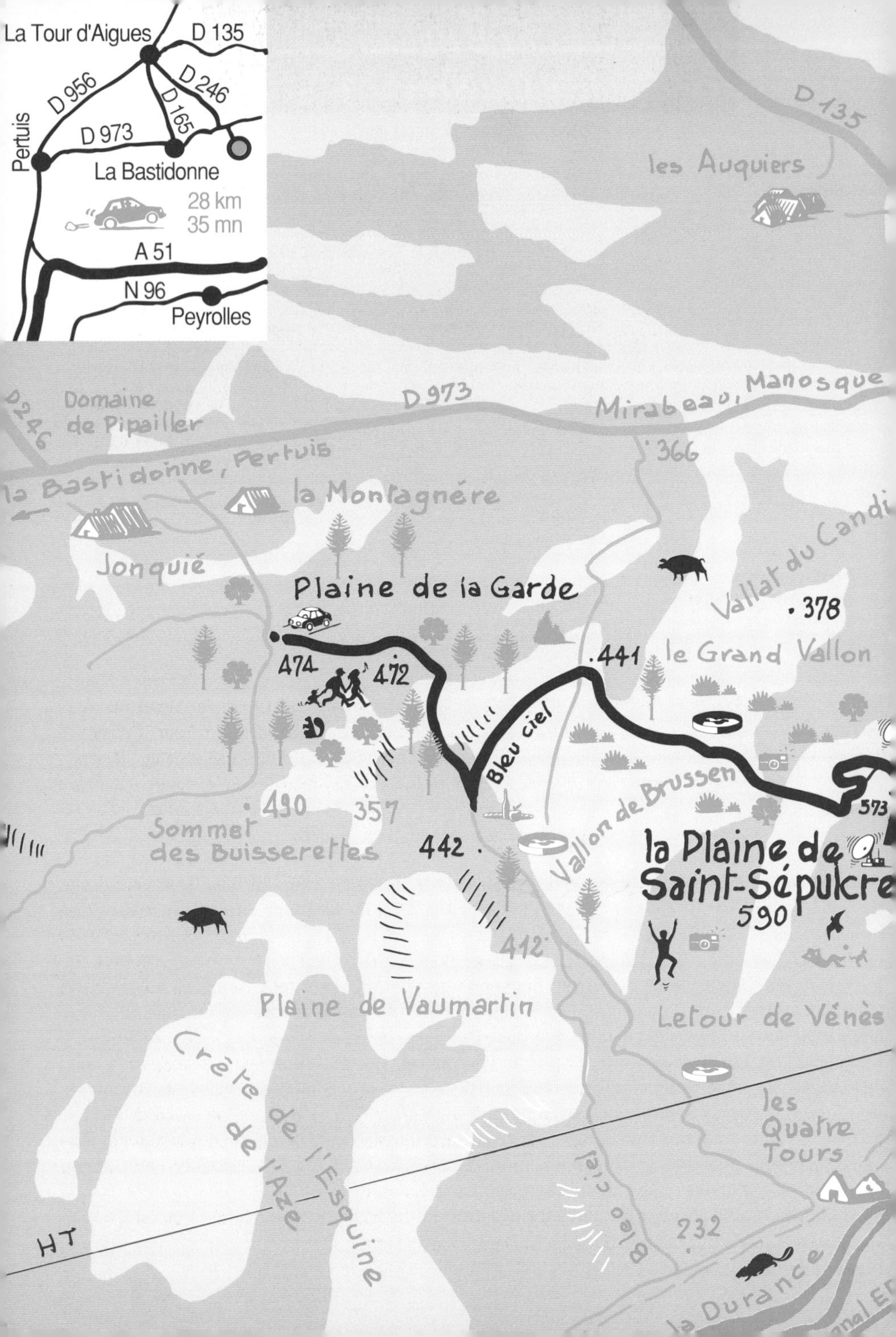

La Tour d'Aigues
D 135
D 956
D 246
D 165
D 973
Pertuis
La Bastidonne
28 km
35 mn
A 51
N 96
Peyrolles
D 135
les Auquiers
Domaine
de Pipailler
D 246
D 973
Mirabeau, Manosque
366
la Bastidonne, Pertuis
la Montagnère
Jonquié
Vallat du Candi
Plaine de la Garde
378
474
472
441
le Grand Vallon
Bleu ciel
Vallon de Brussen
573
490
357
Sommet
des Buisserettes
442
la Plaine de
Saint-Sépulcre
590
412
Plaine de Vaumartin
Letour de Vénès
Crête de l'Esquine
de l'Aze
les
Quatre
Tours
Bleu ciel
232
HT
la Durance

12 - La Plaine de Saint Sépulcre

Clairière-carrefour à 1 km de la D973 - 474 m

590 m - 116 m

1h25 1h15

Bleu ciel partiellement

La plaine (ou plateau) de Saint Sépulcre est un site dominant la vallée de la Durance aux abords du défilé de Mirabeau, appelé aussi défilé de Canteperdrix. A 590 m d'altitude, ce plateau est un peu le symétrique de la Montagne de Vautubière, au loin sur la rive gauche.

Le village de Mirabeau, caché par quelques collines, n'est pas visible ; vous pourrez l'inclure sur votre accès voiture car il compte plusieurs édifices intéressants ; même remarque pour la Bastidonne (église romane du XIIIe). Proche de ce dernier village, l'ancien prieuré (XIe) du Grand Réal (panneau) est devenu une ferme et aussi une auberge accueillante. Encore une suggestion : la piscine de Pertuis, remarquablement située sur la hauteur, conseillée lors d'un retour estival.

Sur la D973, direction Mirabeau, 2,6 km après la Bastidonne, on atteint le carrefour avec la D246 descendant à la Tour d'Aigues (panneau : Camping municipal de la Tour d'Aigues). 500 m plus loin, quitter la D973 et tourner à droite sur une petite route mal revêtue. Repères discrets : inscription "Citerne 5, 6, 7" sur un panneau rouge et répétées sur le poteau EDF qui porte en outre : point bleu et fléchage VTT. Parcourir 1 km sur cette voie jusqu'à une clairière-carrefour ; se garer à gauche devant le panneau rouge "citerne 4 et 5".

Partir plein Est dans le sens indiqué par le panneau rouge, délaissant ainsi la RDF venant des Buisserettes. Peu après, franchir une BDF. Après une zone en descente, on parvient à une patte d'oie. Délaisser la voie de droite (accédant aux citernes 5 puis 4) et poursuivre à gauche. Vous êtes toujours sur une RDF où désormais apparaît un balisage bleu ciel. Dans une dépression laisser une RDF descendre à gauche, continuer selon le balisage. Peu à peu la vallée de la Durance, le Concors et Sainte Victoire apparaissent à droite. Plus loin, aux abords de la citerne 3, lorsque la voie est en palier, on découvre à gauche le Luberon et, au centre la lointaine Montagne de Lure. Après une zone encaissée, on aborde une première épingle ; délaisser route et balisage pour prendre, à gauche d'un petit cèdre isolé, une sente montant dans l'herbe. Retrouver route et balisage à proximité du grand pylône blanc et rouge. Poursuivre à droite ; lorsque le balisage oblique à gauche, continuer tout droit sur la route qui bientôt s'achève au second des deux pylônes de télécommunication. Vous êtes au but (1h25). Avancez-vous dans la garrigue pour admirer le point de vue sur la vallée.
En sus de l'horaire, si vous désirez être davantage à la verticale du défilé, faites un aller-retour sur le tracé bleu ciel, jusqu'aux environs de la ligne électrique.
Retour par le même itinéraire (2h40).

Eguilles
A 8
D 543
D 10
Ventabren
Rigouès
D 64
D 65
Roquefavour
D 9
14 km
20 mn
Ventabren
Plaine du Ban
.219
Chante-Grillet
Ch. de Rigouès
.185
.186
208.
Rigouès
Marseille
D64
Vallon de l'Escale
de
Baou de Mario
193
l'Hermitage
Valaux
Aquaduc de Roquefavour
165
D64
Aix
94.
D65
Magbelle
D65
.218
l'Arc
92
Domaine de Meynes
Canal
les Milles, Aix
D 65

13 - L'Aqueduc de Roquefavour

Chemin de Rigouès - 185 m | 208 m - 66 m

0h40 | 0h40 ou bien | 2h25 | Pas de balisage particulier

Quel aixois n'a admiré au soleil couchant, la silhouette ajourée de l'aqueduc de Roquefavour ? Cet ouvrage permet au Canal de Marseille de franchir les gorges de l'Arc, 82 m au-dessus de la rivière. Deux fois plus haut que son ancêtre, le Pont du Gard, il fut construit de 1842 à 1847 par l'ingénieur suisse Frantz Mayor de Montricher qui amena ainsi l'eau de la Durance à Marseille par un canal de 90 km.

Sur le plateau boisé dominant l'aqueduc, le Baou de Mario vous offre les ruines d'un oppidum celto-ligure mis à jour de 75 à 85 : matériel découvert exposé au musée de Ventabren.

L'originalité de la balade est de contempler à la fois l'aqueduc et le pays d'Aix. Nous vous proposons deux possibilités :
- Un simple aller-retour,
- Une boucle : à partir de l'aqueduc, circuit sur la garrigue, puis parcours fort agréable le long du canal, le plus souvent ombragé.

Restaurant au village perché de Ventabren.

Venant d'Aix, utiliser la D64. Quand vous passez sous l'aqueduc, il reste 2,5 km pour atteindre le chemin de Rigouès sur la droite. Deux panneaux verts bien visibles : "chemin de Rigouès" et "Aqueduc de Roquefavour". S'avancer jusqu'à la pinède (150 à 200 m) ; s'y garer.

Pas de balisage, mais quelques panneaux de la Société des Eaux de Marseille (SEM RB 318). Route de terre large et caillouteuse. Délaisser à droite le chemin descendant à Rigouès. Au vaste carrefour à 5 voies, prendre celle la plus à droite. BDF ; plateau quelque peu ondulant, d'abord boisé, puis en garrigue jusqu'à l'oppidum et au-delà. La voie descend dans un ample virage : brusquement vous découvrez l'aqueduc. La route s'arrête au portail de la SEM.
Possibilité 1 : retour par le même chemin (1h20).
Possibilité 2 : grimper le bref sentier un peu escarpé le long de la clôture SEM. On domine joliment l'aqueduc et le canal qui émerge d'une galerie. Très beau panorama sur le pays d'Aix, Sainte Victoire, Eguilles. Progresser sur le plateau couvert de garrigue, assez près de l'à-pic, sur des sentiers convergeant vers l'extrémité de la galerie. Parvenu au bord du canal, parcourir 2 à 300 m sur sa rive droite. Franchir la robuste passerelle et désormais marcher rive gauche vers l'amont. Canal et sentier épousent toutes les sinuosités de la colline. Délaisser un premier pont ; après ces méandres sous les pins, puis en terrain dénudé, franchir un deuxième pont (1h40). Chemin de terre en très mauvais état qui retrouve la RDF A128 desservant la plaine du Ban. Obliquer à gauche ; la route suit une ligne téléphonique. Parvenu dans la pinède et, rapidement, au carrefour à 5 voies, on retrouve à droite l'itinéraire de l'aller (2h25).

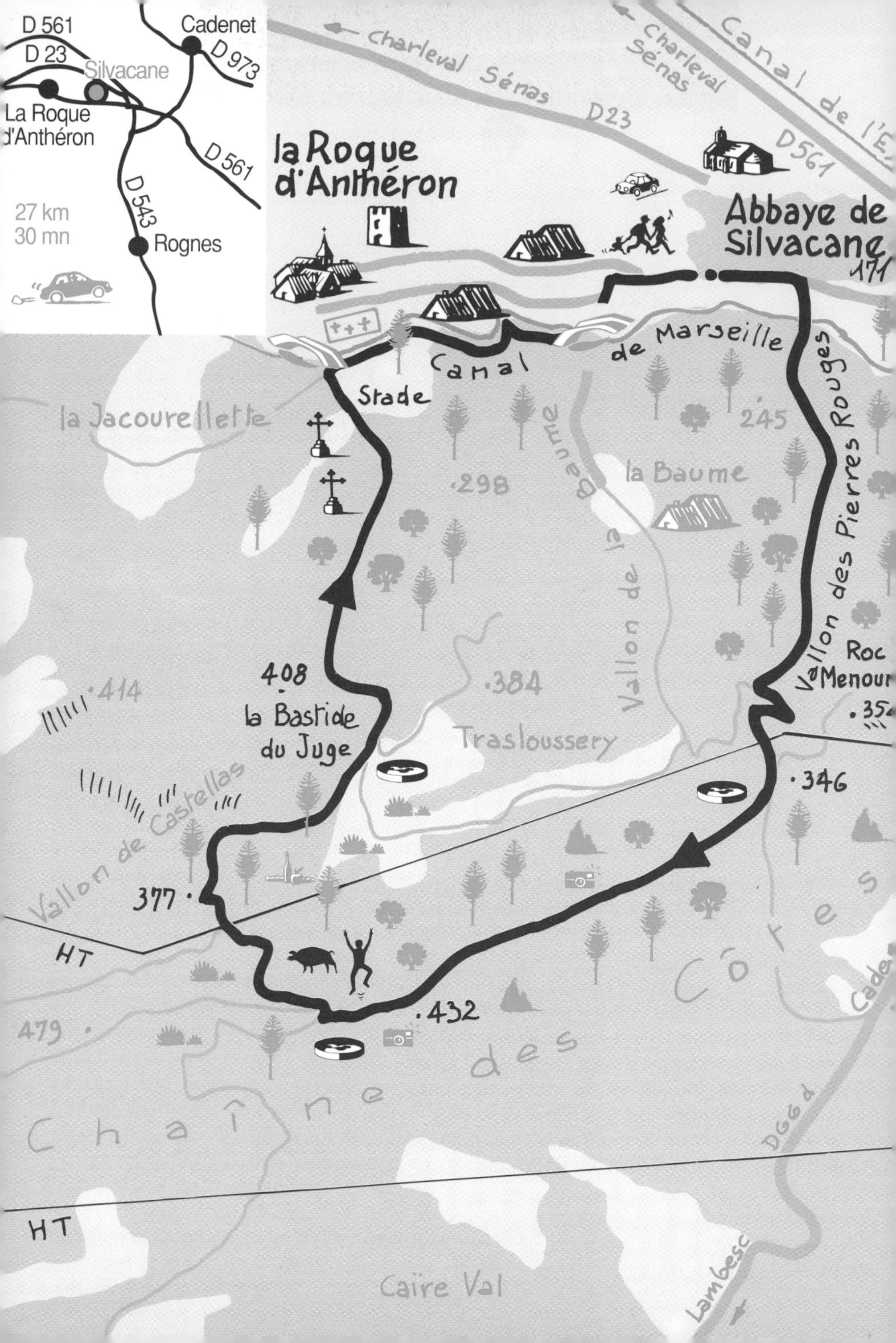

D 561
D 23
Silvacane
Cadenet
D 973
La Roque
d'Anthéron
D 561
D 543
27 km
30 mn
Rognes
Charleval Sénas
Charleval
Sénas
Canal de l'E
D23
D561
la Roque
d'Anthéron
Abbaye de
Silvacane
171
Canal de Marseille
Stade
la Jacourellette
245
298
la Baume
Vallon de la Baume
Vallon des Pierres Rouges
Roc
Menour
408
la Bastide
du Juge
414
384
Trasloussery
346
Vallon de Castellas
377
HT
432
479
Chaîne des Côtes
D66d
Lambesc
HT
Caïre Val

14 - La Chaîne des Côtes et l'Abbaye de Silvacane

parking sur RN face à l'abbaye - 171 m

432 m - 261 m

3h00

Pas de balisage particulier

Entre la Roque d'Anthéron et Lambesc vous découvrirez les collines souvent boisées de la chaîne des Côtes. Elles vous offriront de remarquables points de vue, parfois inattendus à si basse altitude. Vous serez en forêt domaniale et, dans tous les cas, sur des routes de feu larges et faciles, tentantes pour le VTT.

Ces œuvres de la nature vous conduiront vers une autre œuvre, humaine celle-là, l'abbaye de Silvacane. Entre colline et Durance dans une zone jadis marécageuse, Silvacane (silva : forêt ; cana : roseaux) édifiée de 1175 à 1300, est la plus jeune des "Trois Sœurs" c'est-à-dire des 3 abbayes cisterciennes de Provence, après le Thoronet et Sénanque. Des fouilles récentes ont mis à jour : porterie, clôture, etc. Visites :
du 1er avril au 30 septembre, tous les jours de 9 à 19h.
du 1er octobre au 31 mars, de 9 à 12 et de 14 à 17h ; fermé le mardi.

Sur la D66E, vous longez à droite le bassin de Saint Christophe. Parvenu au carrefour avec la D561, prenez la direction de la Roque d'Anthéron sur 1,5 km environ. Parking et panneaux d'information bien visibles à droite. L'entrée de l'abbaye est à une centaine de mètres du parking.

Prendre la route direction Bassin Saint Christophe sur 350 à 400 m : à droite panneau DFCI ; au sol, borne de la RDF F62C. S'engager sur cette voie qui passe tout de suite sous le canal de Marseille. Montée parmi chênes verts et pins d'Alep. Dans un carrefour, laisser à droite un chemin plus étroit. Poursuivre sur la RDF, passer sous la ligne HT et atteindre la citerne 186 (Menourque). Progresser tout droit sur la RDF F62B (panneau) ; les balisages bleu et jaune ne vous concernent pas. Peu à peu cette voie en direction générale Ouest-Sud-Ouest, parcourt la crête et domine la plaine. Les horizons lointains apparaissent : Sainte Victoire, chaîne de l'Etoile avec le significatif Pilon du Roi, vallée de la Durance avec Lauris et son château, Petit Luberon couronné de cèdres, Montagne de Lure, etc...
A la citerne 162 (Caïre Val) la vue plein Sud permet de distinguer la mer (1h15). Délaisser la voie vers la forêt de Caïre Val et la voie montante (F62B). Descendre à droite sur la F62A non marquée. Passer à nouveau sous la ligne HT. Descente bien boisée à travers le quartier de la Bastide du Juge. A partir de la citerne 183 (Cartoux) située en rive d'un vaste carrefour, la descente s'accélère. Direction Nord suivre la F63 à gauche. Négliger les croix bleues. En fin de descente, aux abords du stade, se retourner à gauche pour voir le chemin de Croix. Tourner à droite entre le stade et la canal de Marseille. Le sentier épouse les sinuosités du canal. Traverser le premier pont rencontré : il vous amènera sur la grand-route et peu après vous serez au parking (3h00).

NB : on peut continuer le long du canal. 60 m après la borne scellée n°79, descendre à droite un raidillon qui rejoint la F62C de l'aller (15 mn)

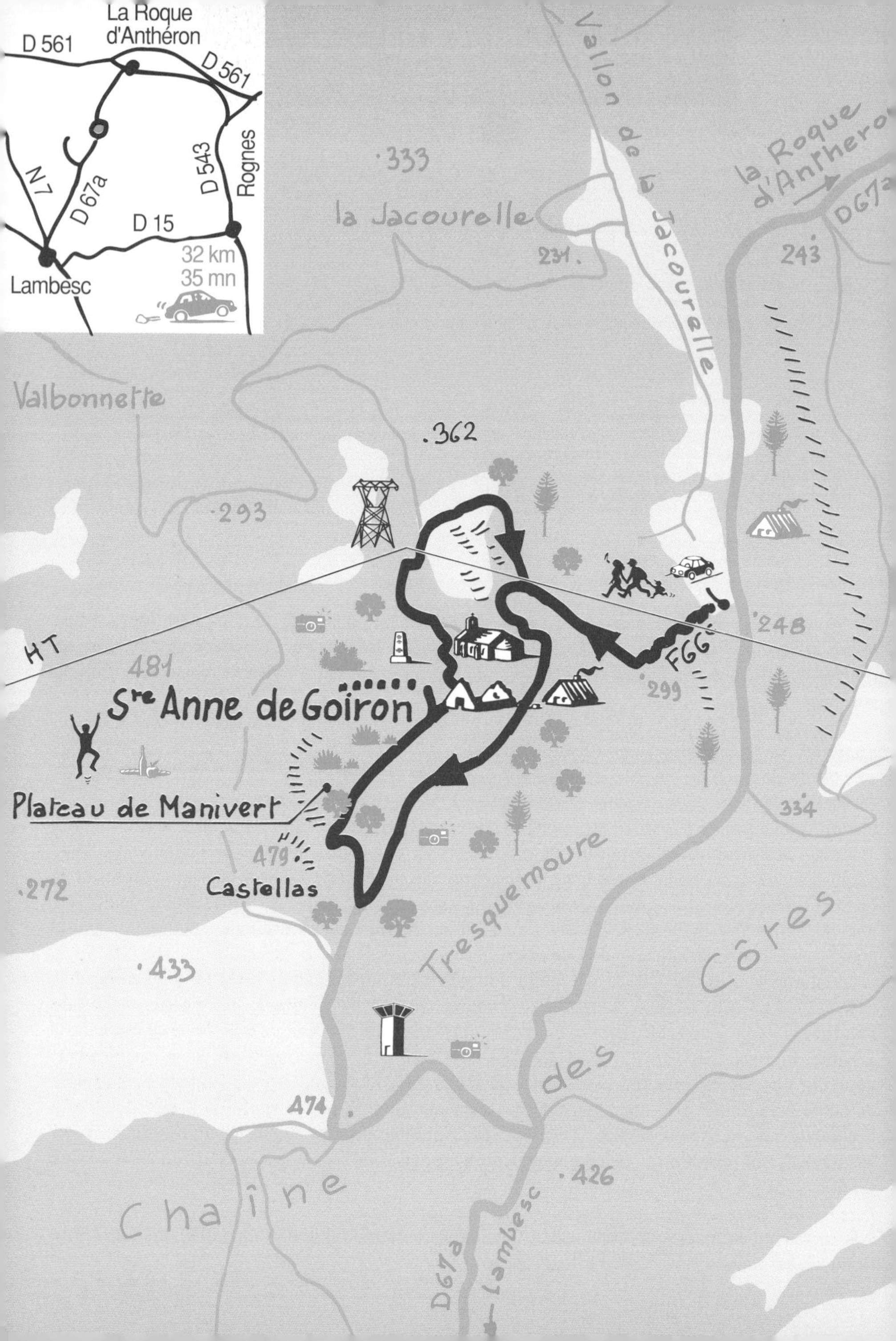

La Roque d'Anthéron
D 561
D 561
N 7
D 67a
D 543
Rognes
D 15
32 km
35 mn
Lambesc
Vallon de la Jacourelle
la Roque d'Antheron
D67a
.333
la Jacourelle
231.
243
Valbonnette
.362
.293
HT
481
Ste Anne de Goïron
F66
'248
.299
Plateau de Manivert
479
Castellas
.272
334
Tresquemoure
Côres
.433
des
474
Chaîne
.426
D67a
Lambesc

15 - Sainte Anne de Goiron

Au début de la RDF F66C - 248 m | 481 m - 233 m

1h05 | 0h55 | Pas de balisage particulier

Les plateaux du Cèze et de Manivert se détachent des collines souvent boisées de la chaîne des Côtes. Les panoramas y sont sensiblement les mêmes. Manivert a été préféré car il offre d'intéressants repères historiques.

Sur ce plateau on trouve des traces d'occupation humaine datant des époques romaine et médiévale. Une chapelle du XIIe, quelques maisons et des tombeaux taillés dans le roc sont les vestiges du village de Goiron (XIe).

Le XXe siècle a laissé le souvenir douloureux de maquisards fusillés par l'occupant nazi autour de la chapelle. Non loin de là, visible à des lieues à la ronde, un imposant monument a été édifié à la mémoire des résistants des Bouches du Rhône.
Restaurants et commerces à la Roque d'Anthéron.

Pénétrer dans la Roque d'Anthéron, direction Charleval. Dépasser le château, puis l'église. Peu après, panneau : Monument des Héros et Martyrs de la Résistance ; tourner à gauche dans le Boulevard de Craponne ; 150 m plus loin, prendre la rue Casimir Mouton (panneaux D67A, Monument) qui débouche hors du village. Parcourir 3,7 km depuis le centre ; après une dernière maison bien visible à gauche, se garer au départ de la RDF F66C, indiquée sur une borne en béton.

La RDF laisse une voie sur la droite. Continuer à monter à gauche. Des panneaux jaunes de la Société de chasse de la Valbonette et une ligne téléphonique balisent un parcours évident et ombragé. A gauche, deux maisons restaurées et habitées (discrétion !). On arrive à une zone plate avec vue vers le Sud et la vigie du secteur. La piste F66C atteint la route goudronnée. L'emprunter à droite ; après l'épingle serrée, longer des falaises (site d'escalade), puis des maisons troglodytes en partie ruinées. Au bout de la route goudronnée, à gauche, une brève rampe accède à une clairière où se dresse le Monument aux Héros de la Résistance (1h05). A gauche, un sentier serpente parmi les buis ; le suivre jusqu'au bord des falaises pour admirer à l'Ouest, la Durance, Charleval, etc... Revenir à la route : dans le virage, la chapelle romane de Sainte Anne est bien visible en rive de la chênaie. Extérieurs, murs et toiture sont bien restaurés ; à l'entour, tombes taillées dans le roc, plaques et stèles des maquisards. Au bord des falaises, vous découvrirez un imposant panorama : Grand Luberon, montagnes de Lure et du Dignois, vallée de la Durance de Lauris à Pertuis, Sainte Victoire, Sainte Baume, Etoile... Un sentier très net débute à proximité de l'aile Nord du transept de la chapelle. Descente facile dans un joli sous-bois, direction Nord. Rencontre d'une voie large ; la suivre à gauche. Parvenir ainsi pratiquement au pied du pylône n°105. Tourner à droite puis, tout de suite à gauche, longer un verger et passer sous la ligne HT. Descendre à droite 300 m plus bas environ, délaisser une voie venant de gauche. Passer à nouveau sous la ligne HT ; vous atteignez ensuite le chemin de l'aller (ligne téléphonique). Poursuivre jusqu'à la D67A (2h00).

N 100
Apt
N 100
Saignon
D 174
D 113
57 km
1h20
232
D 114
Buoux
Sivergues
D 943
Le Castelas
GR 92
Le Mourre Nègr
1125
1113
1006
1085
975
Auribeau
953
Vallon de la Fayet
GR 92
966
765
Les Fayards
719
Cucuro
E
N
S
958
Apt
cadenet
Les Gibons
906
Combe de Vaunièr
D 114
855
Pas des
Ensarri
Le
Castellas
706
Sivergues
566

16 - De Sivergues au Mourre Nègre

Face au Castellas - 706 m

1125 m - 419 m

2h10

1h45

jaune

Point culminant du Grand Luberon, le Mourre Nègre offre, par temps clair, un panorama remarquable qui s'étend : au Nord, du Ventoux avec ses grandes plaques calcaires blanches jusqu'à Lure ; à l'Est, aux Alpes de Haute Provence ; au Sud, des confins des Maures jusqu'à la tache grisâtre de l'Etang de Berre, en passant par l'Est de la Sainte Baume, Sainte Victoire plus proche et la chaîne de l'Etoile. A vos pieds côté midi, l'Etang de la Bonde au cœur du pays d'Aigues et la vallée de la Durance ; côté Nord le plateau des Claparèdes, le pays d'Apt et la vallée du Calavon. Parmi les nombreux itinéraires possibles, celui-ci présente une faible dénivelée et atteint rapidement la crête, permettant ainsi une paisible contemplation du paysage.
A ne pas oublier : vous êtes dans un Parc Régional !

La D114 se termine à Sivergues, panneau : fin de route. Atteindre la dernière maison de la place à gauche : trait jaune sur le mur indiquant la route de terre sur laquelle on peut facilement rouler 1,5 km jusqu'à la ferme du Castellas, actuellement gîte d'étape très accueillant. Parking à gauche de la route.

Suivre la route balisée de traits jaunes qui atteint bientôt le Pas des Ensarri, passage étroit entre le rocher à gauche et un mur à droite dominant un vallon profond. Suit un replat : sur la gauche un pan de rocher vertical a été récemment décoré d'une “fresque” par un groupe de jeunes artistes. La pente s'accentue sur un chemin raviné, bordé de buis. Bien suivre les traits jaunes qui conduisent à gauche à un bon sentier étroit, en lacet sous les chênes verts ; il débouche sur la route de crête près d'une citerne. Le tracé jaune continue sur la route de crête direction Est, laissant à droite le chemin qui descend à Vaugines par la Combe de Vaunière. La route de terre suit les vallonnements de la crête, tantôt en terrain découvert avec belle vue sur le pays d'Apt, la vallée de la Durance et les lointains, tantôt parmi les chênes verts, les pins, les genévriers. On arrive au bois des cèdres (2ème citerne). Ne pas tenir compte des points jaunes et continuer sur la route : arrivée du GR 92 sur la gauche et peu après, croisement de la large route forestière qui relie Cucuron à Auribeau (3ème citerne, 1h30). Fin des traits jaunes ; poursuivre sur la route de crête en direction du Mourre Nègre surmonté de son relais hertzien bien visible. On est bientôt au pied du sommet (parc à moutons à droite) mais il faut parcourir encore 1500 m de route pour y arriver par le versant Est (2h10).
Retour par le même itinéraire en 1h45 environ. Du sommet on peut éviter les 1500 derniers mètres de route en descendant le versant Nord-Ouest par l'une ou l'autre piste conduisant au parc à moutons.

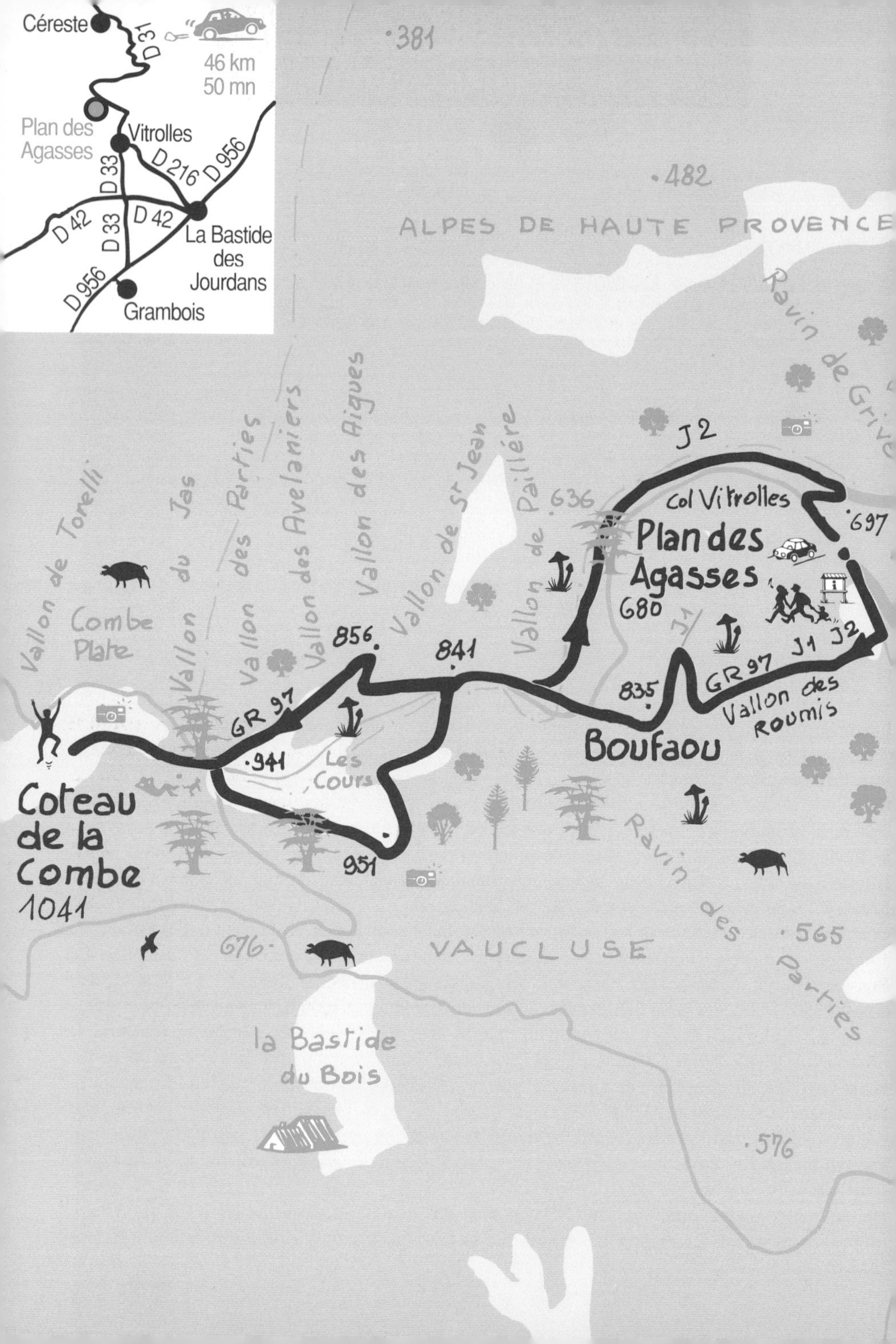

Céreste
D 31
46 km
50 mn
Plan des Agasses
Vitrolles
D 216
D 956
D 33
D 42
D 42
D 33
La Bastide des Jourdans
D 956
Grambois
381
482
ALPES DE HAUTE PROVENCE
Ravin de Grive
J2
Col Vitrolles
636
697
Plan des Agasses
680
J1
J1
J2
GR 97
835
Vallon des Roumis
Boufaou
Vallon de Paillère
Vallon de St Jean
841
856
Vallon des Aigues
Vallon des Avelaniers
Vallon des Parties
Vallon du Jas
Vallon de Torelli
Combe Plate
GR 97
941
Les Cours
951
Coteau de la Combe
1041
Ravin des Parties
565
676
VAUCLUSE
la Bastide du Bois
576

17 - Boufaou et le Coteau de la Combe

Aire de détente du Plan des Agasses - 680 m

1041 m - 361 m

3h20

Jaune 2, GR 97

Dans une contrée bien boisée où règnent les chênes blancs, verts et kermès, les pins d'Alep et surtout les pins noirs d'Autriche, nous vous proposons en une double boucle une belle balade qui chevauche les départements de Vaucluse et des Alpes de Haute Provence : sous-bois épais et propices aux champignons tout comme aux sangliers, longs moments de marche sous de belles voûtes de verdure...

Le Coteau de la Combe, sommet le plus oriental du Grand Luberon et lieu de pâture de moutons, offre des vues splendides.

Au retour, la RDF en balcon est jalonnée de jeunes cèdres qui plus loin se marient harmonieusement avec les pins d'Autriche...et les mûres en saison.

Pour l'accès routier au Plan des Agasses, voir balade n° 18.

Les sentiers 1, 2, 3 et 4, balisés en jaune, débutent ensemble en contrebas du panneau d'information très explicite sur la végétation forestière et son étagement. Dans une descente facile en forêt, suivre les sentiers 1 et 2 qui avec le GR des crêtes 97, montant de Vitrolles, tournent à droite peu après. Monter dans un frais sous-bois où les lichens habillent les troncs d'arbres. Parvenu sur le plateau où domine le pin d'Autriche, le sentier n° 1 diverge ; continuer à gauche sur GR et n° 1 conjoints qui, sur un large chemin en pente douce conduisent au joli site dégagé de Boufaou. Ruines peu visibles et cèdre isolé à gauche, avant-garde d'un bois. L'itinéraire coupe la RDF puis la longe sur la gauche. Jaune 2 descend à droite dans une clairière. Le GR, désormais seul, se rapproche progressivement de la RDF, puis l'emprunte sur 150 m environ. Prendre à droite un chemin forestier montant à flanc sous une voûte de verdure. Retrouver et couper la RDF face à une petite cèdraie entourant la citerne 22. Panneau ONF concernant la chenille processionnaire. Le GR emprunte l'antique draille à moutons montant jusqu'à la crête (1h50). Premier aperçu de l'horizon : au Sud l'Etang de la Bonde et la Durance ; à l'Ouest, le Mourre Nègre point culminant du Grand Luberon ; au Nord et Nord-Est, la vallée de l'Encrême, Reillanne et, très loin, les coupoles de Saint Michel - l'Observatoire.
Redescendre à la citerne 22. Suivre vers l'Est la RDF offrant de belles vues sur l'étang et les villages. Retrouver le GR descendant sur la gauche. Suivre le chemin de l'aller jusqu'à la rencontre du jaune 2 ; l'emprunter à gauche dans un large chemin descendant ; passer plus bas sous une voûte de cèdres. La RDF réapparaît, encaissée, à droite ; il est facile d'y descendre, mais mieux vaut continuer sur jaune 2 qui offre encore de belles vues vers l'Est. Atteindre la route départementale ; la descendre à droite sur 600 m environ jusqu'à l'aire des Agasses (3h20).

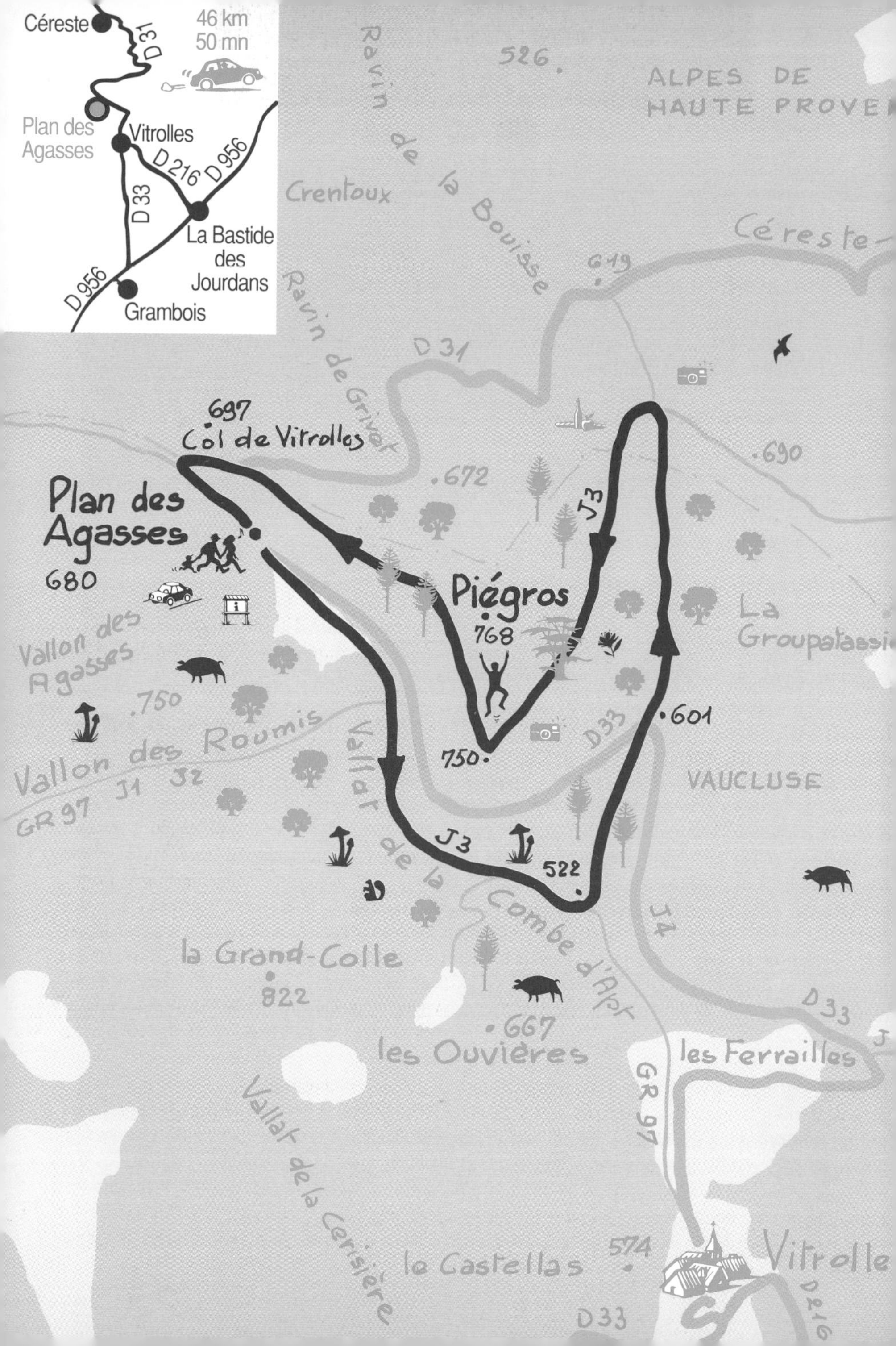

Céreste
D 31
46 km
50 mn
Plan des Agasses
Vitrolles
D 216
D 956
D 33
La Bastide des Jourdans
D 956
Grambois
526
ALPES DE HAUTE PROVEN
Ravin de la Bouisse
Crentoux
Céreste
619
Ravin de Grivet
D 31
697
Col de Virrolles
.690
.672
Plan des Agasses
680
J3
Piégros
768
La Groupatassi
Vallon des Agasses
.750
Vallon des Roumis
Vallat de la Combe d'Apt
D33
.601
750.
VAUCLUSE
Vallon des Roumis
GR 97 J1 J2
J3
522
J4
la Grand-Colle
822
.667
les Ouvières
D 33
les Ferrailles
GR 97
Vallat de la Cerisière
574
le Castellas
Vitrolle
D 216
D 33

18 - Piégros

Aire de détente du Plan des Agasses - 680 m

750 m - 228 m

1h45

Jaune 3

Vitrolles-Lès-Luberon ! Près de ce village vauclusien, la commune et le Parc Naturel Régional du Luberon ont aménagé l'aire de détente des Agasses (les pies).

Parmi les quatre circuits proposés, nous décrivons ici celui de Piégros. Il vous offrira deux beaux points de vue au gré d'un parcours toujours en forêt où sont présents les chênes blancs et verts, les pins d'Alep et, plus rarement, les pins noirs d'Autriche.

Sur la D33, dépasser Vitrolles, direction Céreste sur 3,5 km. Sur la droite, un panneau routier annonce, 150 m à l'avance, l'aire du Plan des Agasses ; un panneau d'information bien visible à gauche indique l'accès à l'aire. En cas d'affluence, on peut se garer au col de Vitrolles, 300 m plus loin au Nord.

Les sentiers numérotés de 1 à 4, balisés en jaune, débutent ensemble en contrebas du panneau d'information très explicite sur la végétation forestière et son étagement. Suivre le n° 3. Descente agréable dans la forêt. Les sentiers 1 et 2 bifurquent à droite vers le vallon des Roumis, d'où arrive une variante du GR 97 qui cheminera un moment avec les 3 et 4. Le sentier s'élargit et laisse à droite un chemin. A l'entrée d'une petite gorge (le GR descend à droite), monter franchement à gauche et atteindre la D33. La traverser avec le 3 qui monte en forêt sur une voie fort caillouteuse (le 4 bifurque à droite sur la chaussée). Parvenir sur un petit plateau où apparaît au Nord un large horizon : Céreste, vallée de l'Encrême, montagne de Lure, coupoles de Saint Michel - l'Observatoire, montagnes proches de Digne. Délaisser un balisage bleu au Nord et VTT à l'Est. Emprunter la RDF à angle droit, à gauche (balisage faible à ce carrefour). Belle montée facile parmi les pins noirs d'Autriche. A une épingle très marquée, vous pervenez au deuxième belvédère de la balade : à vos pieds, Vitrolles et le château de Gran Pré, les villages de la vallée d'Aigues et surtout Sainte Victoire avec, à l'extrême horizon à gauche, la Sainte Baume (1h25).

L'itinéraire, faute de sentier valable, délaisse le sommet proprement dit du Piégros légèrement plus haut ; mais à distance, vous pourrez y admirer de beaux cèdres... Descente rectiligne parmi les chênes et les pins noirs jusqu'à la D33. La suivre à gauche ; elle atteint le col de Vitrolles et, 300 m plus loin, l'aire des Agasses (1h45).

Une suggestion !... Si après le pique-nique vous avez du courage, laissez vous tenter par les circuits 1 ou 2, ou encore à partir du col, prenez la RDF qui traverse tout le Luberon jusqu'à Cucuron (VTT possible).

Cabrières d'Aigues
D 189
Cucuron
D 27
D 9
D 120
36 km
40 mn
La Tour D'aigues
D 9
D 973
D 956
Pertuis
Route des Crêtes
1022
1073
Coulet Redon
1069
Grand Luberon
Jas de Pécou
639
658
GR 9.97
618
Les Courbons
687
GR 92
Bleu ciel
GR 9.97
583
GR 9.9
602
555
633
628
607
Bleu ciel
GR 92
Ravin du Règue
Ravin du Loup
Ravin des Vaucèdes
La Ginestie
468
451
Poteau EDF
7406
Le Carré
Château
d'eau
419
450
Cabrières
d'Aigues
408
Cucuron
D189
Pertuis
La Bonde
D9
D 120

19 - Circuit de Cabrières d'Aigues

A hauteur du château d'eau - 450 m

639 m - 270 m

2h50

GR 92 - 9 - 97, Bleu ciel

Cabrières est l'un des villages de la vallée d'Aigues incrusté dans les vallonnements du Grand Luberon ; le bourg est en effet coupé en deux par un ruisseau. En fin de balade, après le quartier du Vieux Château, vous dominerez les toitures de tout le pays ; vous apercevrez la chapelle Saint Elzéar, l'église Notre Dame de Saint Laurent etc...

Au XVIe siècle, Cabrières, comme Mérindol et bien d'autres villages du Luberon, fut le théâtre du sauvage massacre des Vaudois accusés d'hérésie par le Parlement d'Aix, présidé par le tristement célèbre Meynier d'Oppède... La petite place de l'Ormeau a perdu beaucoup de son charme car, de l'ormeau pluricentenaire qui naguère l'agrémentait, seul subsiste le tronc grisâtre, au diamètre impressionnant.

Le parcours vous fera découvrir une route forestière ombragée : belles vues sur les campagnes au pied du Luberon. Le Jas de Pécou est une bergerie récemment restaurée.
A Cabrières : café, boulangerie-épicerie.

A l'entrée de Cabrières, la D9 devient la D189 et laisse le village sur la droite ; poursuivre quelques centaines de mètres, direction Cucuron. Peu avant le panneau "fin d'agglomération", dans une épingle, tourner à droite sur une petite route montante, sans panneau, sauf deux balises : GR 92 et bleu ciel. Rouler jusqu'à la fin du revêtement (500 m environ). A gauche, château d'eau dissimulé derrière des chênes verts. Garez-vous.

Suivre les balises GR et bleu ciel sur le large chemin qui monte progressivement parmi vignes, vergers, puis pins d'Alep. Laisser à gauche un chemin descendant vers la bergerie de Courbons. A un grand carrefour GR et bleu ciel continuent vers les crêtes ; venant de l'Ouest, les GR 9 et 97, peu balisés, se dirigent plein Est après avoir franchi un ponceau. Les suivre sur un beau chemin dans les pins. Passer devant le Jas de Pécou puis franchir une BDF. Atteindre un carrefour-clairière (plaque "CFT 24" sur un pin). GR 9 et 97 bifurquent à gauche (1h30). Descendre à droite sur une voie large non balisée accédant au vallon des Vaucèdes parmi pins et chênes verts. Le goudron et quelques villas apparaissent. Plus bas à droite, un poteau EDF porte l'inscription "Le Carré n° 7406" ; le Carré est une maison caractéristique, longue et basse, orientée au Sud, sur la droite. Descendre 300 m environ après le poteau. A hauteur d'un pin jumelé à droite et de cerisiers chétifs à gauche, descendre à droite sur un chemin de terre ; franchir un gué à sec. Parvenir à l'Est du village dans un carrefour de 3 voies goudronnées ; emprunter celle de droite qui part à l'horizontale. Après avoir dépassé 2 panneaux successifs "Voie sans issue", aboutir à une descente d'escaliers bordée de figuiers de Barbarie : très belle vue sur l'autre partie du bourg. Au bas de l'escalier, tourner à droite, puis tout de suite à gauche pour arriver Place de l'Ormeau. Monter à droite, entre la boulangerie et le bar jusqu'à une fontaine ; ensuite, prendre à droite, puis tout droit jusqu'à la rencontre de la petite route goudronnée de l'aller (2h50).

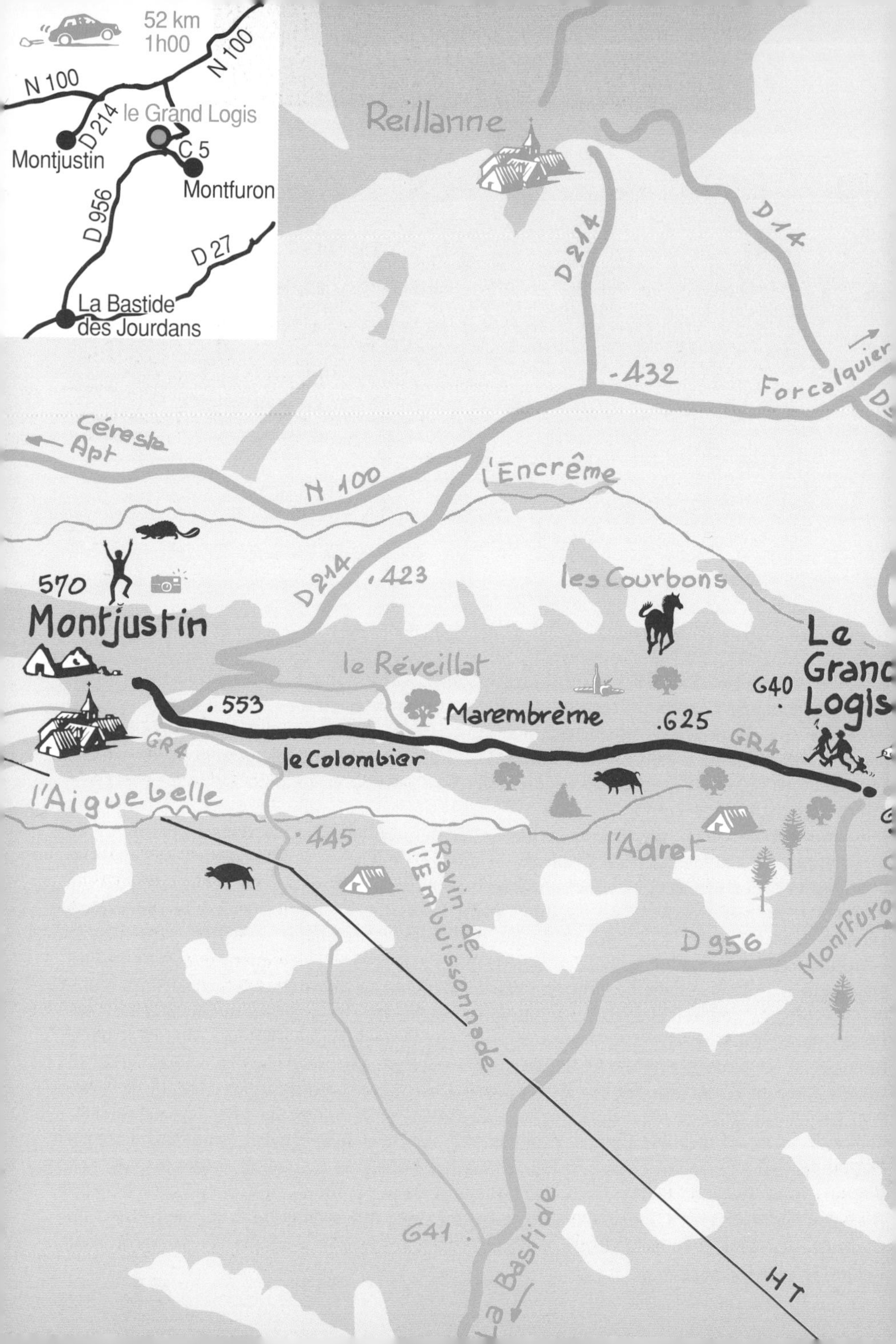

52 km
1h00
N 100
N 100
D 214
le Grand Logis
C 5
Montjustin
Montfuron
D 956
D 27
La Bastide
des Jourdans
Reillanne
D 214
D 14
.432
Forcalquier
Céreste
Apt
N 100
l'Encrême
D 214
.423
les Courbons
570
Montjustin
le Réveillat
.553
Marembrème
.625
640
Le
Grand
Logis
GR4
GR4
le Colombier
l'Aiguebelle
.445
Ravin de l'Embuissonnade
l'Adret
D 956
Montfuron
641
La Bastide
HT

20 - Montjustin

Le Grand Logis - 640 m

640 m - 104 m

1h10

1h10

GR 4, Bleu

C'est un agréable balcon, face aux pentes boisées du Nord-Est du Luberon, que vous allez parcourir. Pas ou très peu de lignes électriques pourfendant l'horizon, pas de bitume, la nature, rien que la nature verte. Le chemin large aux faibles montées permet d'emmener les VTT. Montjustin, ancienne forteresse médiévale, domine au Nord la vallée de l'Encrême où vivent quelques castors. Les maisons en pierres appareillées sont toutes restaurées ; de belles roses trémières les décorent. De l'église ne subsiste, hélas ! que le donjon surplombant le ruisseau d'Aiguebelle.
Restaurants et commerces à La Bastide des Jourdans.

Sur la D956, parvenir au carrefour avec la petite route C5 allant à Montfuron. Parcourir encore 700 m sur la D956 pour atteindre, dans un virage, le lieu-dit Le Grand Logis. Se garer à gauche sur un petit tertre à l'orée du bois. Autre repère : une borne hectométrique à droite sur laquelle est peinte une balise du GR 4.

Partir au pied du tertre, direction Ouest, sur la route forestière en pente douce qu'on va suivre jusqu'à l'arrivée ; elle est balisée par le GR 4. La route court sur le flanc Sud d'une colline boisée où affleurent souvent, à droite, des strates blanchâtres ; à gauche, le ravin assez verdoyant au-dessus de l'Aiguebelle. A droite, panneau annonçant le Centre Equestre des Courbons dans la vallée (un balisage bleu arrive là et se poursuit jusqu'à Montjustin). Plus loin, un vaste champ de blé contraste avec les strates délitées et les pins sylvestres. Après montées et descentes, parvenir à l'entrée du village.
Le GR descend à gauche ; suivre alors la D214 qui, en une brève montée, parvient au cœur du pays : ruines de l'église à droite. Revenir vers l'Est sur le terre-plein central curieusement occupé par une propriété privée (bâtiment, jardin, piscine). Contourner l'ensemble par la droite, puis obliquer à gauche vers une plate-forme d'observation installée dans les restes d'une tour médiévale : vue dégagée sur Reillanne, la plaine de l'Encrême, la Montagne de Lure, les Alpes Dignoises.
Retour : revenir sur ses pas près des restes d'une autre tour et descendre un escalier rustique. Au bas de l'escalier, suivre à droite l'itinéraire de l'aller. Sur la gauche de la deuxième moitié de la route forestière, on aperçoit à l'horizon les coupoles brillantes de Saint Michel - l'Observatoire.

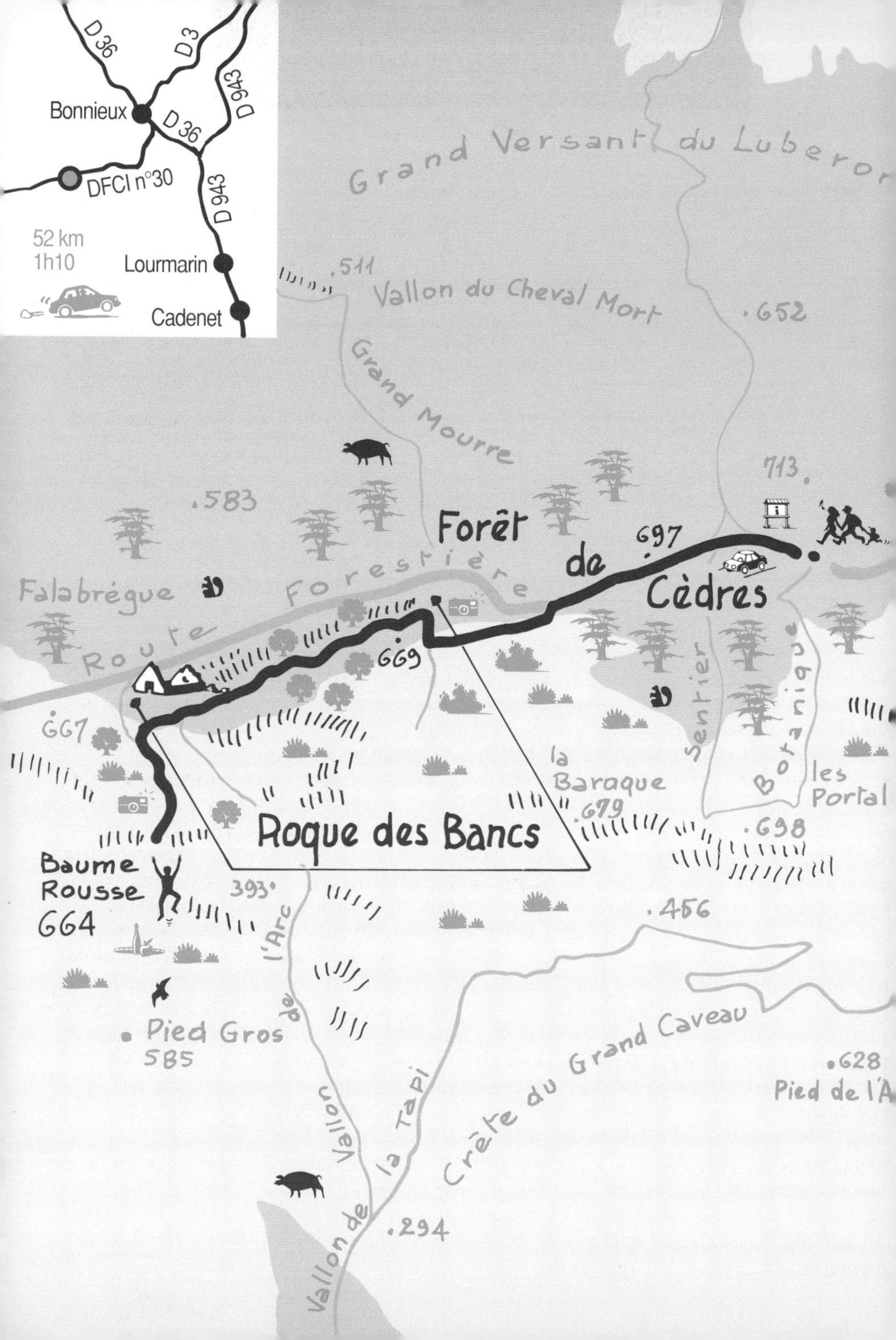
D 36
D 3
D 943
Bonnieux
D 36
DFCI n°30
D 943
52 km
1h10
Lourmarin
Cadenet
Grand Versant du Luberon
.511
Vallon du Cheval Mort
.652
Grand Mourre
713.
.583
Forêt
697
de
Cèdres
Falabrégue
Route Forestière
669
667
Sentier
Botanique
la
Baraque
.679
les
Portal
.698
Roque des Bancs
Baume
Rousse
664
393
.456
l'Arc
de
Pied Gros
585
Crête du Grand Caveau
.628
Pied de l'A
Vallon
la Tapi
Vallon de
.294

21 - La Roque des Bancs et la Forêt de Cèdres

Vaste parking au bout de la route n° 30 - 700 m

700 m - 36 m

1h00 — 0h50

Bleu ciel, Bleu sombre

Merveille du Petit Luberon, cette cèdraie de 200 hectares remonte à 1864, date à laquelle les services forestiers introduisirent le Cèdre de l'Atlas algérien (lecture des panneaux d'information ONF à ne pas manquer !). Vous serez émerveillé par cette belle forêt... La longue falaise de la Roque des Bancs, orientée au Sud, offre un contraste entre le gris clair de la roche et le vert pâle de la jeune cèdraie la dominant. Les sous-bois sont propices aux champignons. Autres essences : chênes verts et buis.

Au-delà des barrières, la route rejoint Cavaillon, mais la fragilité de la forêt et, surtout, les risques d'incendie ont conduit à sa fermeture définitive aux motorisés. Au retour, depuis la route n° 30, vous apercevrez Bonnieux, village "quillé", la vallée du Calavon vers Apt et, plein Est, le Mourre Nègre, point culminant du Grand Luberon.
A Bonnieux, église haute, musée de la boulangerie, restaurants, commerces.

Sur la D36 (en venant de Lourmarin par la D943) parcourir 3 km environ jusqu'au carrefour avec panneau DFCI n° 30 et inscription manuscrite "Route des Cèdres" ; l'emprunter sur 5,5 km. Parking à l'orée de la forêt.

Sitôt la barrière franchie, vous êtes sous une immense voûte de cèdres. 2 panneaux d'information "Sentier botanique" et "Cédraie". Progresser sur la route goudronnée, balisée en bleu ciel et réservée aux promeneurs et aux VTT. Rencontre à gauche d'une grande citerne (n° 41) portant des inscriptions défraîchies en bleu et aussi en rouge : Roque des Bancs. Départ, bien marqué au sol, d'un nouveau sentier balisé en bleu sombre. Le suivre tout droit ; il pénètre à travers les buis. Parvenu à un embranchement, obliquer à droite : face à vous, la falaise dominée par les cèdres, apparaît dans son ensemble. Le sentier décrit un ample virage à gauche, puis presque rectiligne sous une voûte de chênes verts, progresse vers l'Ouest parallèlement à la Roque des Bancs. On parvient aux ruines d'une bergerie jadis édifiée sous un surplomb (abri précaire). Délaisser le balisage bleu sombre qui s'enfonce à gauche dans le vallon. Continuer vers l'Ouest sur le sentier non balisé mais très net ; dans un point bas il prend franchement la direction Sud. Peu après, sur un plateau de garrigue, vous êtes à l'extrémité de Baume Rousse, au-dessus d'un petit à-pic (1h00). A l'horizon, la Durance et ses "iscles", Mallemort, Charleval et les collines de la Trévaresse.

Retour par le même itinéraire ou bien : revenir à la bergerie, la laisser à droite et par une faille accéder au plateau, puis à la route forestière qui vous ramènera au parking (1h50).

A l'arrivée, si vous disposez d'une ou deux heures, nous vous conseillons de parcourir le sentier botanique.

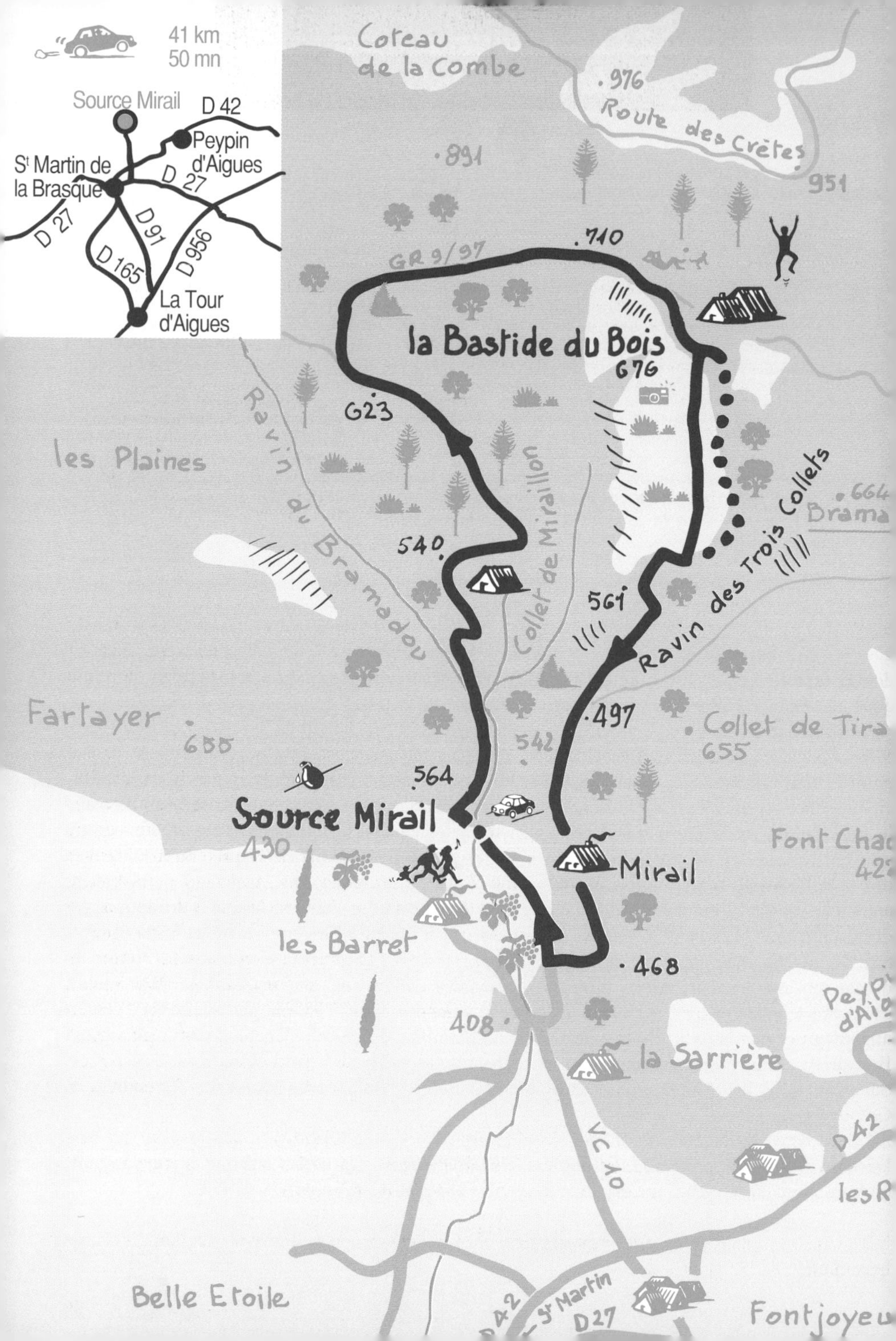

41 km
50 mn
Source Mirail
D 42
Peypin d'Aigues
St Martin de la Brasque
D 27
D 27
D 91
D 165
D 956
La Tour d'Aigues
Coteau de la Combe
976
Route des Crêtes
891
951
710
GR 9/97
la Bastide du Bois
676
623
Ravin du Bramadou
les Plaines
Collet de Miraillon
664
Ravin des Trois Collets
540
561
Fartayer
655
497
Collet de Tira
655
542
564
Source Mirail
430
Mirail
les Barret
468
408
la Sarrière
VC 10
D42
Belle Etoile
D42
St Martin
D27

22 - La Source Mirail et la Bastide du Bois

A l'extrémité du VC 10 - 430 m

710 m - 280 m

3h00

GR 9 et 97 partiellement

C'est à la fin du XVe siècle que les moines de l'ancienne abbaye du Tourel à la Tour d'Aigues, entre autres travaux d'irrigation, captèrent la source Mirail qui alimente toujours l'Etang de la Bonde ; distant de 6 km environ en voiture, il vous attend pour la baignade au retour ! Plusieurs domaines du Luberon portent le nom tout simple de Bastide, c'est-à-dire maison. La Bastide du Bois est un ensemble de bâtiments remontant au XVIIe siècle. Ses constructeurs avaient des liens étroits avec le Seigneur de la Tour d'Aigues. Outre l'exploitation agricole et forestière, on y éleva jadis des chèvres angora. Modifications et adjonctions furent nombreuses. Aujourd'hui à l'abandon, la Bastide était devenue ces dernières décennies une grande bergerie.

Belle forêt de chênes verts (les yeuses), de chênes blancs, de pins d'Alep et, proche de la Bastide, plantation récente de pins d'Autriche. Plusieurs restaurants dans les villages de la vallée d'Aigues. Intéressant marché paysan du 01/05 au 31/10 à Saint Martin de la Brasque.

Sur la D42, direction Est, carrefour conduisant à droite à Fontjoyeuse, prendre la route de gauche, panneau marron "VC 10, Chemin de Mirail". Parcourir 2 km sur cette route avec un double coude caractéristique après la Sarrière (panneau). Se garer 100 à 150 m après la partie goudronnée.

Vous dominez à gauche de beaux champs de vigne bordés au loin de peupliers. Descendre à gauche un raidillon pour accéder à une aire au bout de laquelle apparaît la source Mirail. Celle-ci, au débit souvent important, s'écoule d'une galerie maçonnée, fermée d'une grille. Remonter le lit du ruisseau, large et caillouteux, qui se rétrécit peu à peu. Lorsqu'il s'oriente vers la gauche, le ruisseau reçoit à droite un ruisselet peu visible. Dans le V ainsi formé, débute direction Nord un chemin montant, très raviné, s'améliorant peu à peu. Après une demi-boucle apparaît, à droite dans la chênaie, une bergerie (bon abri). Le chemin oblique à droite à angle droit, puis, très évident, s'oriente vers le Nord-Nord-Ouest. Parmi pins d'Alep et garrigue, il arrive à une BDF détruite et aussitôt à la longue RDF (1h15) serpentant en corniche à flanc de montagne. La prendre à droite ; GR 9 et 97 (balisage défraîchi) l'empruntent. Une RDF venant de la crête se raccorde à gauche à la vôtre ; continuer vers l'Est un court instant. Tout en abandonnant le GR, descendre à droite pour rattraper une autre RDF longeant à gauche la Bastide du Bois. Le panorama vous offre : l'Etang de la Bonde, une partie du pays d'Aigues, Sainte Victoire, la chaîne de l'Etoile où l'on repère le Pilon du Roi et le relais de télévision de la Grande Etoile...
Au départ des bâtiments abandonnés, la route vers le Sud se scinde en deux parties : prendre l'une ou l'autre. A la jonction, on domine le ravin encaissé des Trois Collets. La route large et ombragée atteint le VC 10 goudronné ; le prendre à droite jusqu'au parking (3h00).

NB : Un balisage correspondant pratiquement à cet itinéraire doit être réalisé, courant 1994, par la commune de Peypin d'Aigues.

Etoile et Garlaban

	Temps de marche aller-retour
23 - Le Pilon du Roi	1 h 40
24 - Le Grand Puech et les Crêtes de Baou Traouca	2 h 50
25 - Le Mont Julien	2 h 00
26 - L'envers des collines de Pagnol depuis la Fève	3 h 30
27 - Le Taoumé à partir d'Allauch	3 h 10
28 - Le Garlaban	3 h 25

La Sainte-Baume

	Temps de marche aller-retour
29 - Le Paradis	2 h 00
30 - Le Sentier Merveilleux	2 h 35
31 - La grotte Ste Marie Madeleine par la Grotte aux Œufs	2 h 30
32 - Le Plan des Vaches et la Source de Crau	3 h 10
33 - Le Vallon des Cèdres et le Baou de Bertagne	3 h 40
34 - La Croix des Béguines	3 h 30
35 - La Chapelle de St Probace	2 h 30
36 - Le Vieux Rougiers	2 h 45
37 - L'Olympe et St Jean du Puy	2 h 50
38 - Vallée de St Pons : sentiers du Blé et des Cabrelles	2 h 30
39 - La Glacière par la vallée de St Pons	3 h 40

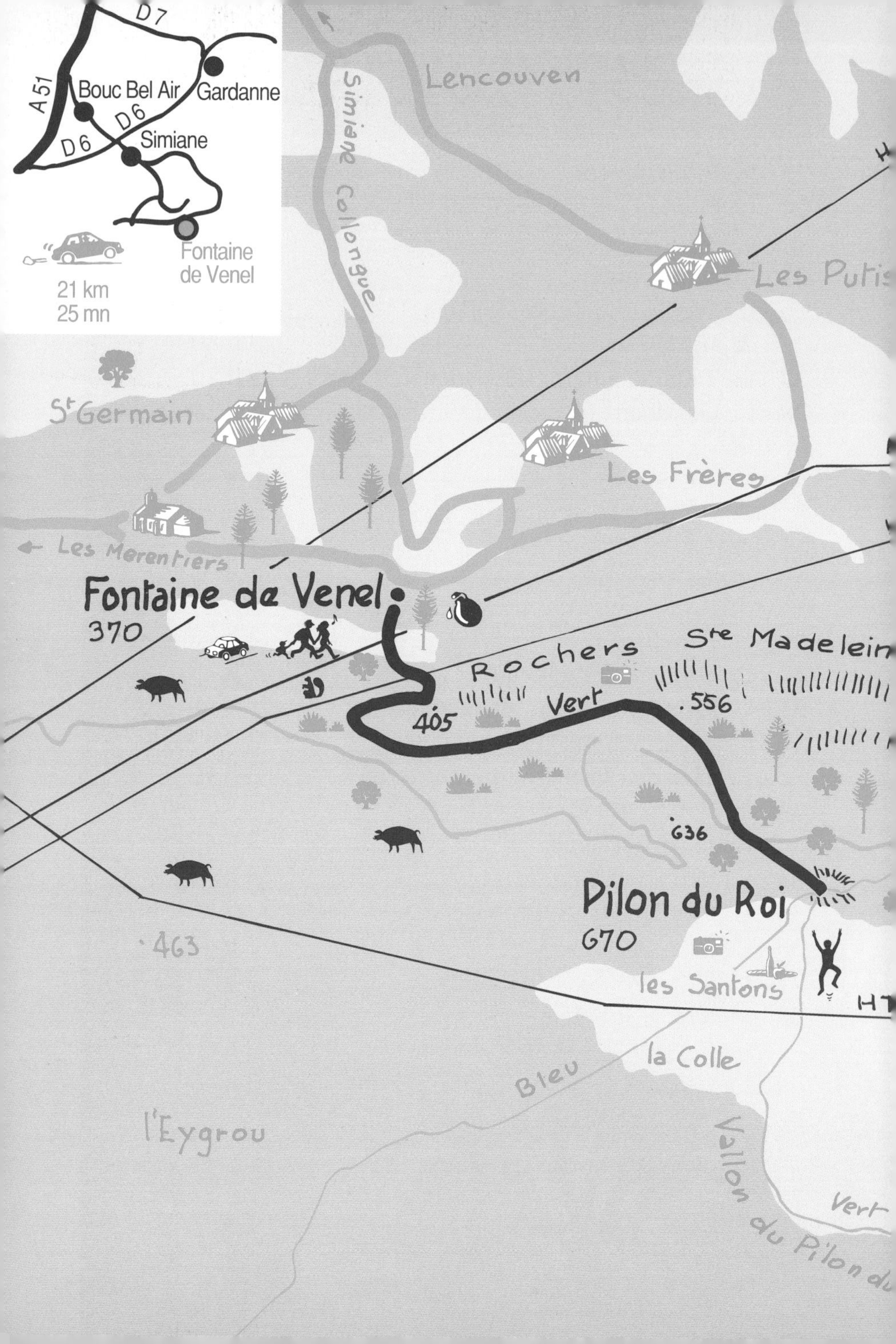

D7
A51
Bouc Bel Air
Gardanne
D6
D6
Simiane
Fontaine de Venel
21 km
25 mn
Lencouven
Simiane Collongue
Les Putis
St Germain
Les Frères
Les Merentiers
Fontaine de Venel
370
Rochers
Ste Madelein
Vert
405
.556
636
Pilon du Roi
670
.463
les Santons
HT
la Colle
Bleu
l'Eygrou
Vallon du Pilon du
Vert

23 - Le Pilon du Roi

Fontaine de Venel - 370 m

670 m - 300 m

1h00

0h40

Vert

Le Pilon du Roi, facilement repérable depuis les environs d'Aix, est un épais monolithe dont la face Nord surplombe d'une soixantaine de mètres la ligne de crête du massif de l'Etoile. On atteint son socle par une montée courte et agréable sur le versant Nord vallonné et verdoyant.

Du Pilon de quel roi s'agit-il ? L'histoire n'en dit mot... Par contre, à 800 m à l'Est du monolithe, une chapelle (aujourd'hui ruinée) était dédiée à Notre Dame du Roet ; "Pilon du Roi" serait une traduction déformée du provençal "Piéloun dou Roet" c'est à dire pilier du Rouet...

A partir du centre de Simiane (église), se diriger vers la sortie Sud-Est et prendre la direction Saint Germain (panneau sur le C1 "Les Frères, Saint Germain, Jean le Maître"). Continuer jusqu'à la chapelle située à gauche de la route, la contourner et prendre une petite route longeant la forêt sur 800 m environ. S'arrêter à la Fontaine de Venel, source aménagée dans la verdure sur le côté droit de la route (panneau invitant à respecter la source).

S'engager sur le tracé vert (direction Sud) qu'on suivra jusqu'à la fin (en fait ce tracé débute à la sortie de Simiane et rejoint la route d'accès 300 m avant la Fontaine). On monte d'abord sur un sentier étroit parmi les chênes verts et les pins, puis sur un chemin plus large en direction de la base Ouest du Rocher Sainte Madeleine. Quitter le chemin large et prendre à gauche un sentier qui s'élève, direction Est, vers un col que domine une vigie. Au col la vue s'élargit au Nord sur les vallons boisés et le pays aixois. Le sentier continue vers l'Est au-dessus du Rocher Sainte Madeleine ; il descend vers un passage étroit entre les rochers et débouche sur une dalle inclinée : le Pilon surmonté de sa croix apparaît nettement dégagé sur la rive opposée du vallon qu'on va remonter maintenant. On atteint une route forestière (qui continue vers l'Est jusqu'au col Sainte Anne). Traverser la route en diagonale ; par une dernière montée on accède au socle du Pilon du Roi (1h00). On peut circuler sur le tracé bleu soit vers l'Est (vigie), soit vers l'Ouest pour embrasser du regard l'ensemble de la chaîne de l'Etoile, depuis l'émetteur de télévision jusqu'au Puech de Mimet, au Sud-Est le Garlaban, au Sud Marseille, au Nord Sainte Victoire et les lointains alpins.
Retour par le même itinéraire (bien observer les marques vertes aux changements de chemins, 1h40).

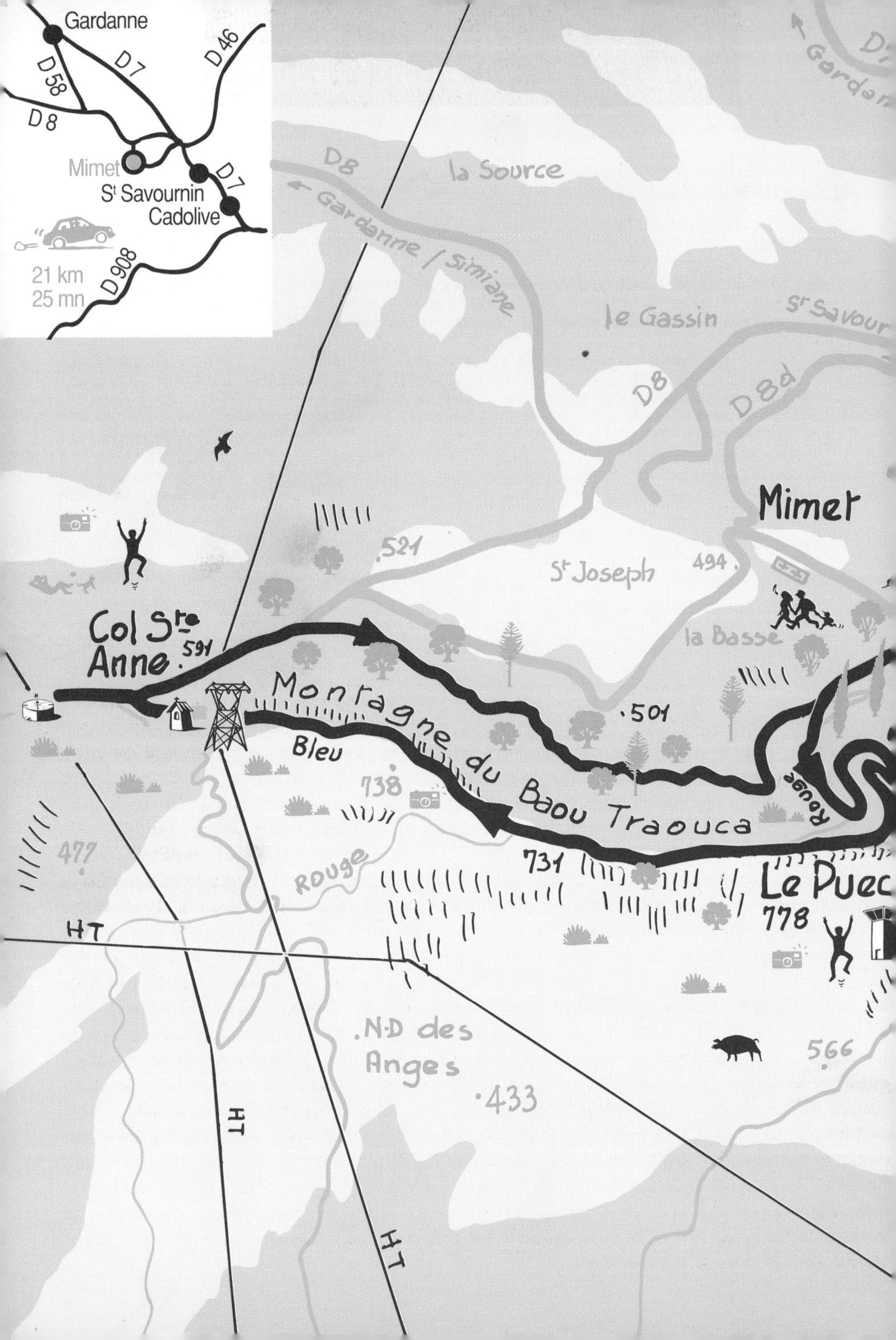

Gardanne
D7
D46
D58
D8
Mimet
St Savournin
Cadolive
D7
D908
21 km
25 mn
D8
la Source
Gardanne / Simiane
Gardanne
le Gassin
St Savour
D8
D8d
Mimet
.521
St Joseph
494
la Basse
Col Ste Anne
591
Montagne du Baou Traouca
Bleu
.501
738
Rouge
477
Rouge
731
Le Puec
778
HT
HT
HT
.N.D des Anges
.433
566

24 - Le Grand Puech et les Crêtes de Baou Traouca

Au bout de la route goudronnée - 577 m

778 m - 201 m

2h50

Rouge, Bleu partiellement

Mimet, le plus haut village des Bouches du Rhône est entouré de pinèdes dominées par le Grand Puech et le Baou Traouca. Ce village paisible et accueillant a pensé aux jeunes visiteurs en créant, le long de la place, un parc à jeux "per lei pichoun".

C'est de préférence le matin que vous apprécierez ces crêtes offrant de belles vues du Cap Canaille à la Sainte Baume, du Garlaban à Marseille au Sud, et au Nord, Sainte Victoire, le Luberon, le Ventoux. La vue la plus saisissante sera bien sûr le tout proche Pilon du Roi.

Enfin, c'est à deux pas du col Sainte Anne que la nouvelle et originale table d'orientation vous permettra de vérifier votre savoir géographique.
A Mimet, Hostellerie du Puech.

Mimet est desservi par la D8D. Que vous veniez par l'une ou l'autre des extrémités de cette voie, vous arriverez sur la place dominée par la nouvelle poste. Emprunter la route goudronnée (aucun panneau) qui, sur la gauche, longe la poste, puis le cimetière. 700 m de montée. Se garer à droite face à la dernière villa.

Le tracé rouge, bien visible, arrive de la gauche et grimpe dans un joli sous-bois. Sur un replat rocheux, à droite, belle vue sur Mimet et la région. Couper la RDF montant au Grand Puech. Après une brève montée atteindre à nouveau la même route. Le tracé rouge la suit quelques minutes, puis la quitte à droite dans une épingle. Poursuivre sur la route qui en quelques lacets arrive à la vigie. Vous êtes au sommet du Grand Puech (0h40).
Quittant le bâtiment vers le Sud sur un large chemin, longer une batterie solaire à gauche. Le chemin s'infléchit vers la droite et se termine après avoir rencontré le balisage bleu et longé trois antennes de télécommunications. Désormais, jusqu'au col Sainte Anne suivre le tracé bleu. C'est un bon sentier qui parcourt les crêtes de Baou Traouca, offrant des vues remarquables ; plus loin laissant à droite deux antennes successives, on descend vivement dans une zone austère de blocs épars, puis on passe sous un pylône ; un chemin large, caillouteux et en forte pente conduit en vue du col. Tourner à droite près d'un oratoire et atteindre la route goudronnée sous le col, versant Nord. Accéder au col vers la gauche. Le balisage bleu monte à droite ; l'emprunter sur 400 m environ jusqu'à la table d'orientation (2h00).
Revenir à la route goudronnée et la suivre sur le versant Nord. A la première bifurcation à droite, emprunter la RDF (barrière), belle voie serpentant sur le flanc Nord que l'on suivra jusqu'à ce qu'on retrouve sur la gauche le tracé rouge accédant dans le sous-bois (2h40) ; en dix minutes ce tracé vous ramènera au point de départ.

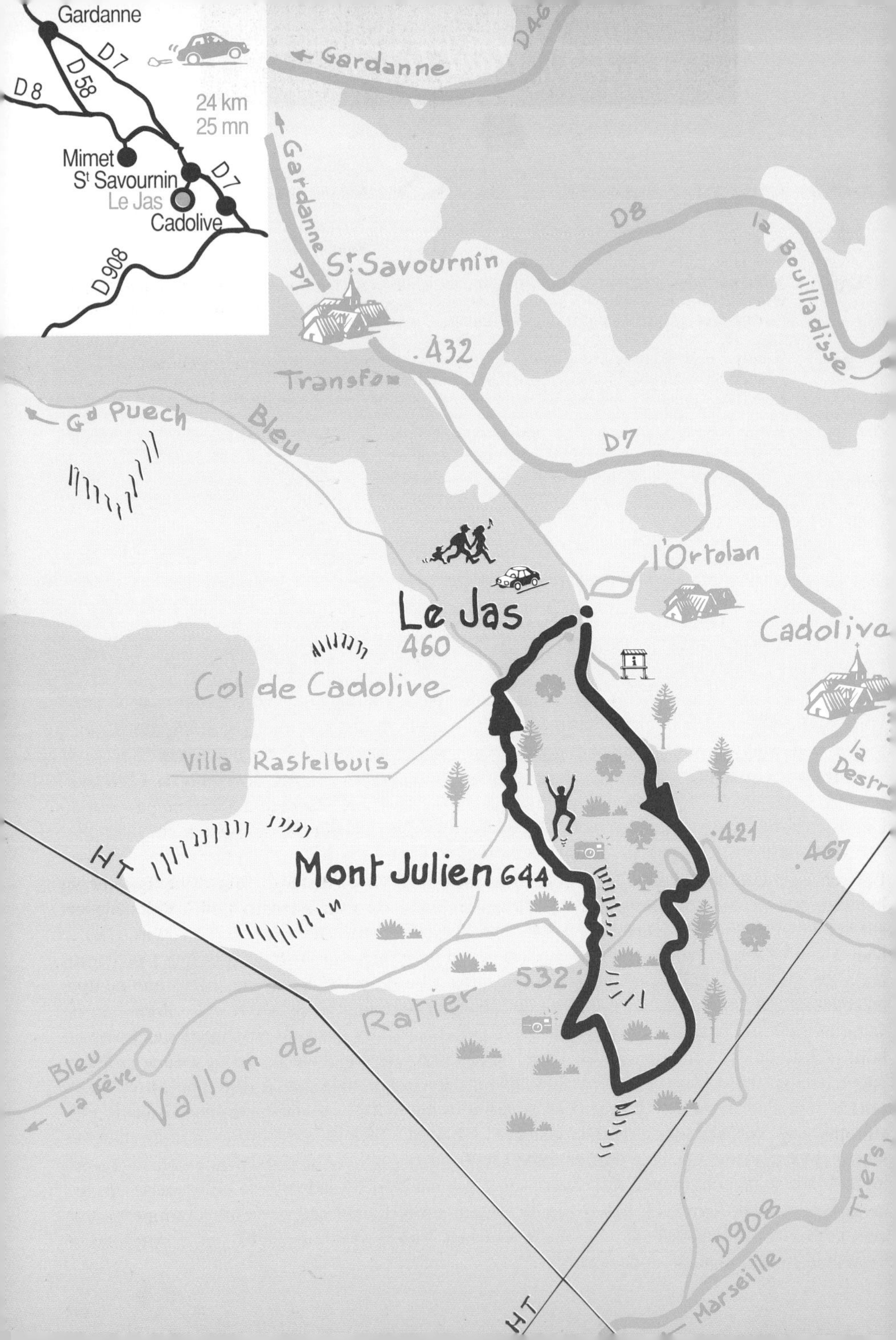
Gardanne
D7
D58
D8
24 km
25 mn
Mimet
St Savournin
Le Jas
Cadolive
D7
D908
D46
Gardanne
Gardanne
D7
St Savournin
D8
la Bouilladisse
.432
Transfo
Gd Puech
Bleu
D7
l'Ortolan
Le Jas
460
Cadolive
Col de Cadolive
Villa Rastelbuis
la Destr
.421
.467
Mont Julien 644
HT
532
Vallon de Ratier
Bleu
La Fève
D908
Trets
Marseille
HT

25 - Mont Julien

Carrefour du Jas, devant villa Rastelbuis - 460 m		644 m - 184 m	
2h00		Bleu	

Le Mont Julien termine à l'Est la chaîne de l'Etoile avant la vallée du Jarret. Bien que l'accès routier se fasse par Saint Savournin, cette belle masse calcaire est la montagne des habitants de Cadolive, petite cité qui s'étale à ses pieds...

Au printemps, falaises et sommet sont fleuris de cistes mauves, d'argeiras, de coronilles.
A Saint Savournin et Cadolive, restaurants et commerces.

A droite du panneau "Fin d'agglomération" de Saint Savournin en direction de Cadolive, prendre le chemin de l'Ortolan : panneaux, transfo EDF à droite. Au bout d'1 km, on parvient au carrefour du Jas : aucun panneau ; se garer vis-à-vis de la villa Rastelbuis, sise à droite.

Laisser à gauche deux voies, dont celle descendant à l'Ortolan. Partir tout droit (ignorer un balisage orange). La voie bitumée devient empierrée à hauteur du panneau DFCI. Puits couvert sur le talus côté droit ; panneau peu lisible "Accès au terrain de Divanna". 200 à 300 m après le haut d'une brève côte se présente un carrefour : prendre à droite la RDF montante ; peu après une grande épingle, panneau "Chemin forestier du Ratier". Après avoir contourné une croupe, on parvient à un col. De là continuer sur la route une centaine de mètres. Monter alors à droite selon un balisage bleu sur un sentier caillouteux et raide. On atteint deux replats successifs au bord de la falaise d'où l'on domine bien Cadolive. Le sentier continue à travers une garrigue pauvre, émaillée de blocs et de dalles. Il atteint très vite la borne géodésique du Mont Julien (1h15) : vaste panorama du Regagnas à la Sainte Baume, des collines de Pagnol au sommet de l'Etoile, du Cengle à Sainte Victoire...
Descendre vers le Nord en suivant le balisage bleu. On rencontre bientôt le tracé bleu montant de la Fève : le suivre désormais. Il bifurque à droite dans une petite brèche pour courir au pied de la falaise et descendre dans une pinède, puis il atteint le col de Cadolive (il grimpe ensuite vers le Grand Puech) ; l'abandonner en descendant, à droite par un sentier inégal. Atteindre le Jas en longeant une clôture à votre droite (2h00).

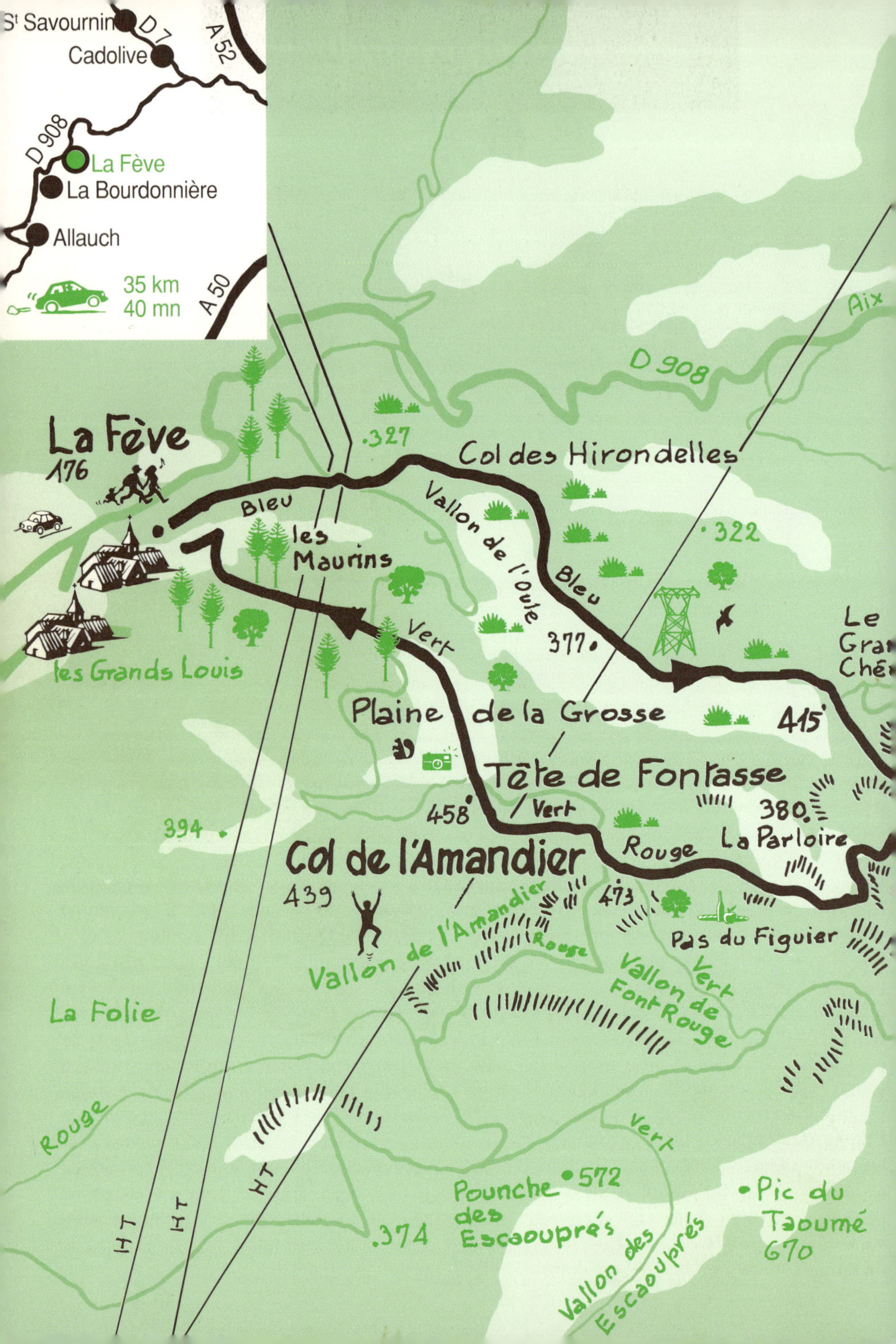

St Savournin
D 7
Cadolive
A 52
D 908
La Fève
La Bourdonnière
Allauch
35 km
40 mn
A 50
Aix
D 908
.327
La Fève
176
Col des Hirondelles
Bleu
les Maurins
Vallon de l'Oule
.322
Bleu
Le Gran
Chê
Vert
377.
les Grands Louis
Plaine de la Grosse
415
Tête de Fontasse
458
Vert
380
394
Col de l'Amandier
Rouge
La Parloire
439
473
Vallon de l'Amandier
Rouge
Pas du Figuier
Vallon de Font Rouge
Vert
La Folie
Rouge
Vert
HT
HT
HT
Pounche des Escaouprés
572
Pic du Taoumé
670
.374
Vallon des Escaouprés

26 - L'Envers des Collines de Pagnol depuis la Fève

La Fève, terminus de la ligne d'autobus n°142 - 176 m

500 m - 324 m

3h30

Bleu, Rouge, Vert

La chaîne de l'Etoile forme en gros un arc de cercle divisé en deux parties par la dépression du Jarret que suit la D908 depuis les Termes jusqu'à la Rose. La partie à l'Est et au Sud constitue le massif de Garlaban. Cette boucle vous propose d'en découvrir le versant Nord par un itinéraire varié et facile, dans un cadre reposant et offrant de beaux panoramas. Les célèbres collines de Pagnol sont de l'autre côté de la crête !

La Fève est un quartier d'Allauch en bordure de la D908, juste avant la Bourdonnière en venant des Termes.

Traverser la route et suivre les marques vertes sur le chemin des Grand Louis, puis sur celui des Maurins jusqu'à l'ancien chemin de Pichauris où débute le tracé bleu qu'on va suivre jusqu'à la rencontre du tracé rouge. Montée assez raide sur 200 m, puis plus douce ; le chemin est large (mais raviné) et ombragé par de grands pins. On passe sous deux lignes HT et on traverse la large route goudronnée de la Société du Canal de Provence. On suit alors un bon chemin de terre et après le col des Hirondelles (non signalé) la vue s'élargit tandis qu'on s'élève très doucement. Après avoir dépassé un pylône puis deux panneaux indiquant : propriété privée, on arrive au lieu-dit : le Grand Chêne (qui n'existe plus !). Vue sur l'ensemble du massif de l'Etoile : Pilon du Roi, Baou Traouca, Puech de Mimet, Mont Julien et plus loin au Nord-Est Sainte Victoire (1h15). Le tracé bleu quitte alors le large chemin pour suivre un sentier (direction Aroumi) qui à travers romarins et cistes devient bientôt un escalier étroit, les rochers servant de marches parfois un peu hautes mais sans difficultés. On sort de ce "tunnel" pour rencontrer le tracé rouge. Le prendre à droite pour descendre et contourner le cirque de la Barre coupée, puis celui plus grand de la Parloire. On monte ensuite sur un bon chemin en corniche et après avoir dépassé un grand pin abritant un bassin pour les oiseaux, on rencontre le tracé vert qui vous ramènera au point de départ (2h05). Le suivre en descendant jusqu'à une route de terre : c'est le col de l'Amandier. Quelques mètres après, quitter la route pour un chemin à gauche qui conduit à la Tête de Fontasse ; vue tous azimuts : Marseille apparaît dans sa presque totalité depuis la mer jusqu'à sa banlieue Est ; au Sud Taoumé et Pounche des Escaouprés se font face... Ici commence la descente finale : peu après, rencontrer une route de terre, la traverser et suivre attentivement les marques vertes souvent peintes sur les arbres, puis traverser une nouvelle route de terre. On descend alors tranquillement en sous-bois vers le fond du vallon des Maurins et l'on arrive aux premières maisons du hameau que l'on va traverser dans sa totalité, un escalier à gauche évitant un lacet de la route. A la rencontre du tracé bleu, on retrouve l'itinéraire du départ (3h30).

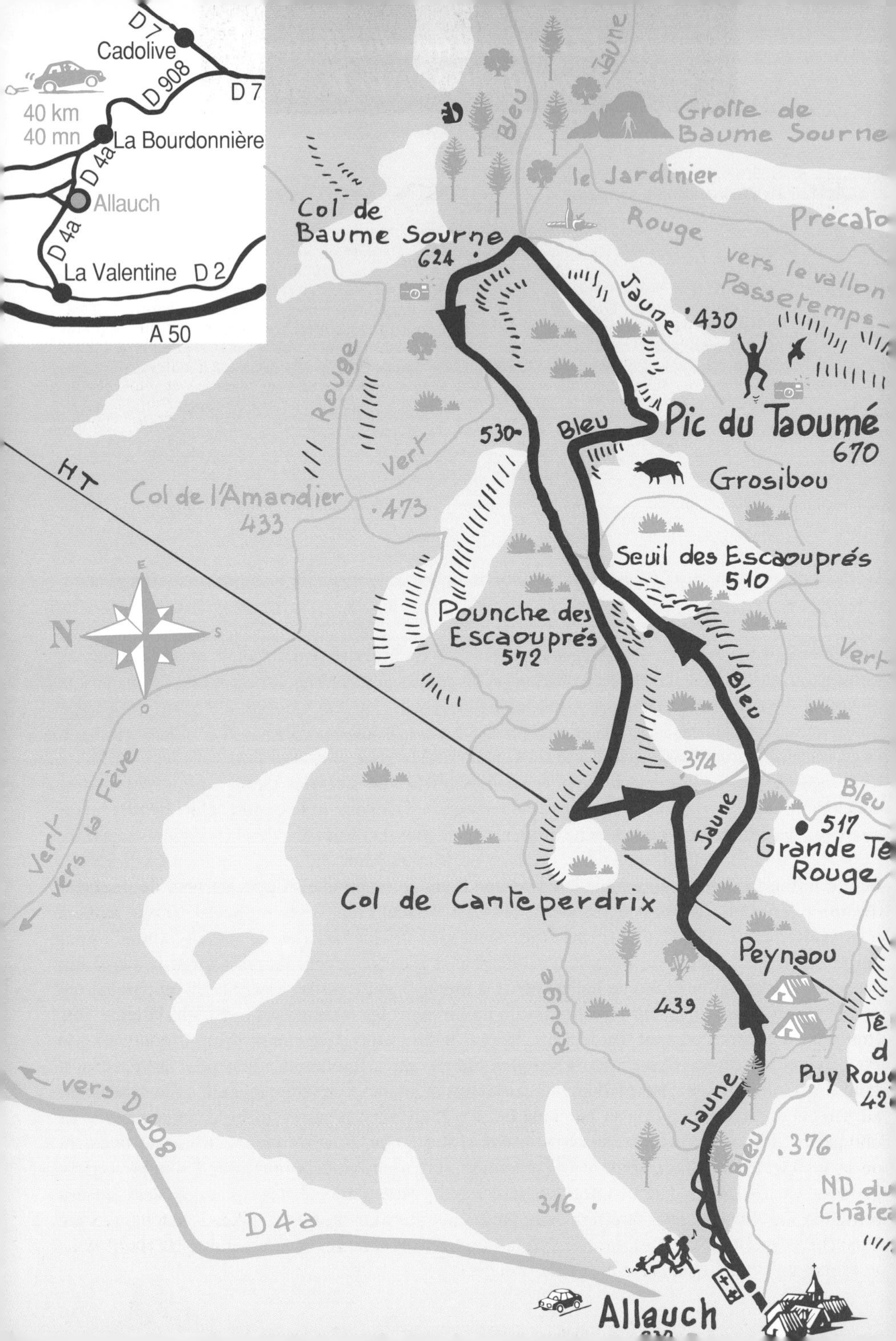
D7
Cadolive
D 908
D 7
40 km
40 mn
La Bourdonnière
D 4a
Allauch
D 4a
La Valentine
D 2
A 50
Jaune
Bleu
Grotte de
Baume Sourne
le Jardinier
Rouge
Précato
Col de
Baume Sourne
624
vers le vallon
Passetemps
Jaune
430
Rouge
Pic du Taoumé
670
Bleu
530
Grosibou
Vert
HT
Col de l'Amandier
433
473
Seuil des Escaouprés
510
Pounche des
Escaouprés
572
N
Vert
Bleu
374
Bleu
517
Grande Te
Rouge
Jaune
Vert
vers la Fève
Col de Canteperdrix
Peynaou
Rouge
439
Te
d
Puy Rou
42
vers D 908
Jaune
Bleu
376
ND du
Châte
316
D4a
Allauch

27 - Le Taoumé à partir d'Allauch

En bordure de la route goudronnée, au-dessus du cimetière (panneaux) - 230 m

A 670 m - 440 m

3h10

Rouge, Jaune, Bleu

Cette balade vous propose, par un itinéraire de crêtes, un survol des collines et vallons chantés par Marcel Pagnol dans ses souvenirs d'enfance. Elle vous conduira au sommet du Taoumé, remarquable belvédère d'où vous découvrirez le Garlaban surmonté de sa croix au Sud-Ouest et à vos pieds le Balcon des Cassaïres ; plus loin, Marseille et la mer, Marseilleveyre et les tours du Roy d'Espagne, à l'Est la Sainte Baume, au Nord Sainte Victoire et plus près la chaîne de l'Etoile. De retour chez vous, vous aurez certainement envie de revenir sur ces lieux devenus aussi célèbres que la Canebière... en attendant replongez-vous dans *La Gloire de mon Père* et *Le Château de ma Mère !*

A l'arrivée à Allauch par la D4A, suivre les panneaux indiquant la direction "Cimetière" ; arrivé au-dessus de celui-ci, rangez-vous en bordure de la route goudronnée.

Suivre le tracé rouge, d'abord sur la route goudronnée direction Est, puis au bout de quelques dizaines de mètres, sur un sentier qui surplombe la route avant de la rejoindre. Suivre alors le tracé jaune : celui-ci emprunte la route qui monte en bordure du vallon de Peynaou (nombreuses petites maisons) jusqu'au col de Canteperdrix ; fin du goudron. Abandonnant la route qui descend dans le vallon, le tracé jaune tourne à droite et continue à monter modérément, ce qui permet de contempler les falaises de la Tête de Puy Rouge et plus près le bloc de Grande Tête Rouge, jusqu'à la rencontre avec le tracé bleu (0h50) ; le suivre désormais. Il monte vers la Pounche des Escaouprés : au-delà du vallon du même nom, le Taoumé vous offre sa face Ouest. Pour l'instant suivre attentivement les traits bleus qui par paliers successifs vous font descendre au Seuil des Escaouprés où l'on va couper le tracé vert. De là gravir le socle du Taoumé, puis obliquant à droite, se diriger vers la grotte Marcel Pagnol ou grotte du Grosibou (ne pas manquer de la visiter !). Revenant sur la gauche on atteint facilement le sommet du Taoumé : borne géodésique, panorama (1h45). Continuer sur la crête direction Nord-Ouest puis descendre sans difficultés au col de Baume Sourne : ombrages et coins abrités du mistral. Pour le retour, prendre à gauche la RDF, non balisée, qui vous conduira tranquillement jusqu'au col de Canteperdrix où vous retrouverez le tracé jaune et la route goudronnée de l'aller (3h10).

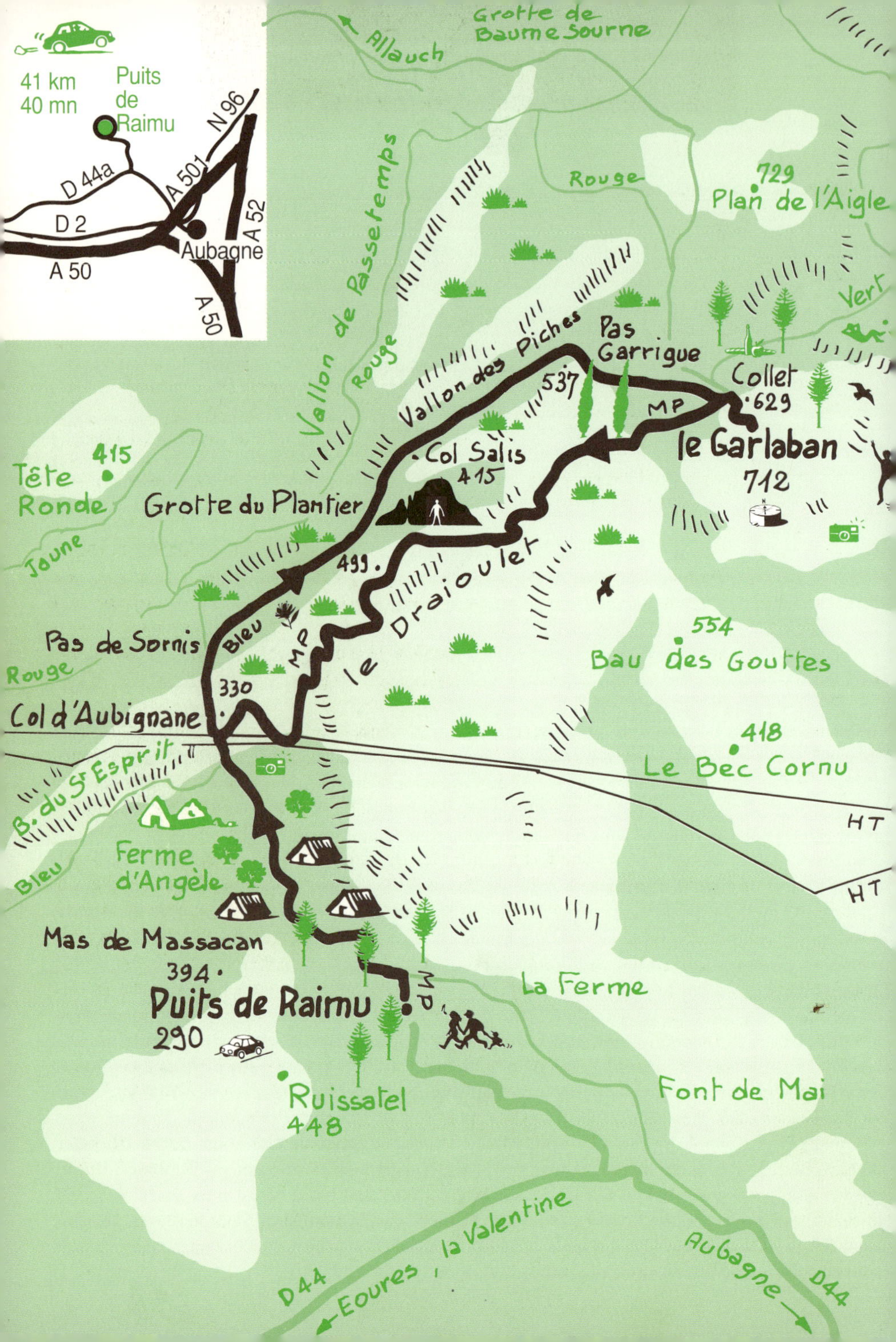

41 km
40 mn
Puits de Raimu
D 44a
N 96
A 501
D 2
A 52
Aubagne
A 50
A 50
Grotte de Baume Sourne
Allauch
Vallon de Passetemps
Rouge
Rouge
729
Plan de l'Aigle
Vert
Pas Garrigue
Collet
629
le Garlaban
712
MP
537
Vallon des Piches
Col Salis
415
Grotte du Plantier
415
Tête Ronde
Jaune
499
le Draioulet
554
Bau des Gouttes
Pas de Sornis
Bleu
MP
Rouge
330
Col d'Aubignane
418
Le Bec Cornu
B. du St Esprit
HT
HT
Ferme d'Angèle
Bleu
Mas de Massacan
394
Puits de Raimu
290
MP
La Ferme
Ruissatel
448
Font de Mai
D 44
Eoures, la Valentine
Aubagne
D 44

28 - Le Garlaban

Puits de Raimu - 290 m

712 m - 422 m

3h25

Noir MP (Marcel Pagnol), Bleu

Ceux qui aiment Pagnol vont se régaler ! La balade vous conduira, à travers sites visités ou lointains admirés, vers le Garlaban, sommet largement célébré par l'académicien qui, dès les premières lignes de *La Gloire de mon Père* écrit : "je suis né dans la ville d'Aubagne sous le Garlaban couronné de chèvres, au temps des derniers chevriers. Garlaban, c'est une énorme tour de roches bleues plantée au bord du Plan de l'Aigle, cet immense plateau rocheux qui domine la vaste vallée de l'Huveaune". Par extension, la dite "tour", fierté des Aubagnais, a donné son nom aux collines entre Huveaune et Jarret qui, avant même la disparition de Pagnol (1974) sont naturellement devenues "les collines de Pagnol".

Au sommet : une croix (la 5ème depuis 1826...) ; une récente table d'orientation ; un extraordinaire panorama à 360°.
Ne manquez pas de vous arrêter au S.I. d'Aubagne (Esplanade De Gaulle) : visite du "Petit Monde de Pagnol", nombreux renseignements intéressants.

Quitter l'autoroute A501, direction Marseille, à la sortie 7 ; se diriger vers le Centre Ville d'Aubagne. Dans la descente (Avenue Roger Salengro) apparaît un rond-point décoré d'une grande structure métallique. Tourner à droite direction Eoures (panneau sans n° de route). 100 m plus loin, encore à droite et toujours vers Eoures, parcourir 2,7 km environ sur cette route. Face au restaurant "Manon des Sources" emprunter à droite le chemin de Ruissatel. Panneau orange et noir du circuit M. Pagnol. Continuer 1,4 km sur cette voie goudronnée. Parking sous quelques pins.

Le Puits de Raimu est à gauche sur un tertre. Suivre les marques noires MP qui empruntent la route de gauche. Peu après le Mas de Massacan, barrière puis RDF ; celle-ci, caillouteuse, monte en lacet. Le balisage MP atteint un socle de béton (n° 3) ; une flèche noire vous invite à un bref aller-retour à la ferme ruinée d'Angèle. Un tracé bleu débouche de la gauche venant des barres du Saint Esprit. La route arrive au col d'Aubignane (0h30).
Franchir le col en laissant partir à droite et à gauche les tracés noirs. Suivre désormais le tracé bleu jusqu'à sa fin. A travers la garrigue, il atteint le Pas de Sornis (départ d'un jaune à gauche). Puis, le sentier, agréable, surplombe le vallon de Passe-Temps ; plus loin, des barres rocheuses le dominent à droite et on aperçoit la grotte du Plantier d'accès facile par un ou deux raidillons, ceci peu avant le "col" Salis. On peut, en complément d'horaire, grimper vers la minuscule grotte du Cerf sur la gauche, au pied des falaises. Au "col" prenez la peine de vous retourner : vous aurez face à vous la proue du "vaisseau à trois ponts" ; ainsi Pagnol désignait-il les barres du Saint Esprit. Le sentier se resserre dans le vallon des Piches ; lacets caillouteux mais faciles dans le Pas Garrigue. Le plateau est atteint et l'arrivée dans une pinède est proche. C'est le Collet du Garlaban (1h45). Montée au sommet en 20 mn aller-retour par balisage rouge ou noir. Panorama : Gémenos, le Baou de Bertagne, la Baie de Cassis, Marseille et sa rade, la Grande Tête Rouge, le Taoumé, Sainte Victoire...
Quitter le Collet (socle n° 5) vers l'Ouest sur une RDF ; à droite plantation de cyprès ; descente rapide ; utilisez un chemin moins large qui coupe les lacets (le sentier MP l'emprunte). Inutile d'aller visiter la "Grotte de Manon" (panneau), c'est la grotte du Plantier.
Les barres du Saint Esprit, la citerne 187 du même nom sont d'excellents repères pour vous ramener au col d'Aubignane.
A partir de là, même chemin qu'à l'aller (3h25).

46 km
1h10
N 560
St Zacharie
D 280
D 80
Nans les Pins
D 80
D 95
Hôtellerie
Plan d'Aups
L'Hubac
Rougiers
Les Quatre Chê
Aven du Petit St Cassien
Mazaugue
719
D 95
745
Petit St. Cassien
D 95
721
Hôtellerie
720
Fouent dou Roucas
Baou des Glacières
1009
983
Le Paradis
803
La Grand Hêtre
908
Baou St Cassien
1013
Jaune A7
Pas de l'Aï 1030
Pas de Villecroze 104
Jaune A7
1148
1070
GR 9
1000
80

29 - Le Paradis

En bordure de la D95 à 4 km de l'hôtellerie - 720 m

983 m - 263 m

1h10 — 0h50

Jaune 47 partiellement

Dans l'Est de la forêt de la Sainte Baume, vous découvrirez la Fouent dou Roucas (source du Rocher). Elle coule abondante et fraîche sous d'épaisses frondaisons.

Le Grand Hêtre, arbre plusieurs fois centenaire fera la transition avec la partie supérieure de la forêt où la mosaïque des différentes essences, que vous allez dominer, est très riche.

Enfin, après quelques gorges aussi faciles qu'inattendues, ce sera l'émerveillement du Paradis... Cette cuvette d'herbe, bordée d'arbres, de falaises ou de rocs est bien abritée des vents. C'est un lieu connu et apprécié, “propice à une reposante rêverie”.

Parvenir à l'hôtellerie de la Sainte Baume sur la D80. Sur cette route, qui en direction Est vers Mazaugues devient peu après la D95, parcourir exactement 4 km, à partir de la petite chapelle entre l'hôtellerie et le café. Se garer à droite dans la chênaie sur un espace libre, face à une barrière de feu du domaine de Saint Cassien.

Passer la barrière de feu. Montée agréable en pleine forêt sur un bon chemin de terre. Repère facile pour votre propre contrôle : retournez-vous peu après la barrière ; vous verrez émerger 2 poteaux EDF de l'autre côté de la D95. Parmi les blocs rocheux, et parfois moussus, qui parsèment les lieux, admirer à droite une petite fenêtre dans le rocher. Laisser un chemin à gauche et à droite et continuer à monter. La pente s'accentue ; le parcours est désormais sur sentier en lacet. Droit devant apparaît la Fouent dou Roucas, très joli site forestier. Obliquer à droite sur un sentier plus étroit mais très net. Un large chemin forestier, emprunté par le tracé jaune 47, est atteint face à une petite clairière. Poursuivre à gauche sur le jaune quelques instants jusqu'au Grand Hêtre. Avec le jaune, tournez à droite sur un bon sentier aux lacets réguliers. Un peu plus haut, retournez-vous souvent pour jouir de belles échappées sur la forêt. Atteindre le seuil entre le Baou de Saint Cassien à gauche et la crête générale. Délaisser à droite la variante jaune vers le Pas de Villecroze. Accéder à une gorge tapissée d'herbe. Peu après, c'est le Pas de l'Aï (l'Ane) reconnaissable à une large dalle en pente à droite ; ici finit le jaune 47. La gorge devient plus austère, c'est le Corridor. Le tracé y est évident. Descendre parmi des blocs éboulés vers une grotte jouxtant le verrou d'accès : vous êtes au “Paradis” ! (1h10).
Partir à gauche vers l'Ouest à côté de grands blocs. Descente lente puis rapide parmi les hêtres. Belles échappées. Atteindre le chemin forestier à l'Est du Grand Hêtre ; suivre ce chemin à droite sur dix mètres et descendre à gauche sur un bon sentier jusqu'à la Fouent dou Roucas ; ensuite, même chemin qu'à l'aller (2h00).

Variante pendant votre séjour au Paradis... : vous pouvez aller admirer le Baou des Glacières en 15 à 20 minutes aller et retour. Progresser vers l'Est. Après un sous-bois, abandonner le sentier qui descend à hauteur des cèdres. Partir à flanc, sur la gauche, en terrain caillouteux jusqu'au pied du Baou. On peut aussi, bien entendu, accéder aux proches crêtes Nord et Sud de la belle cuvette.

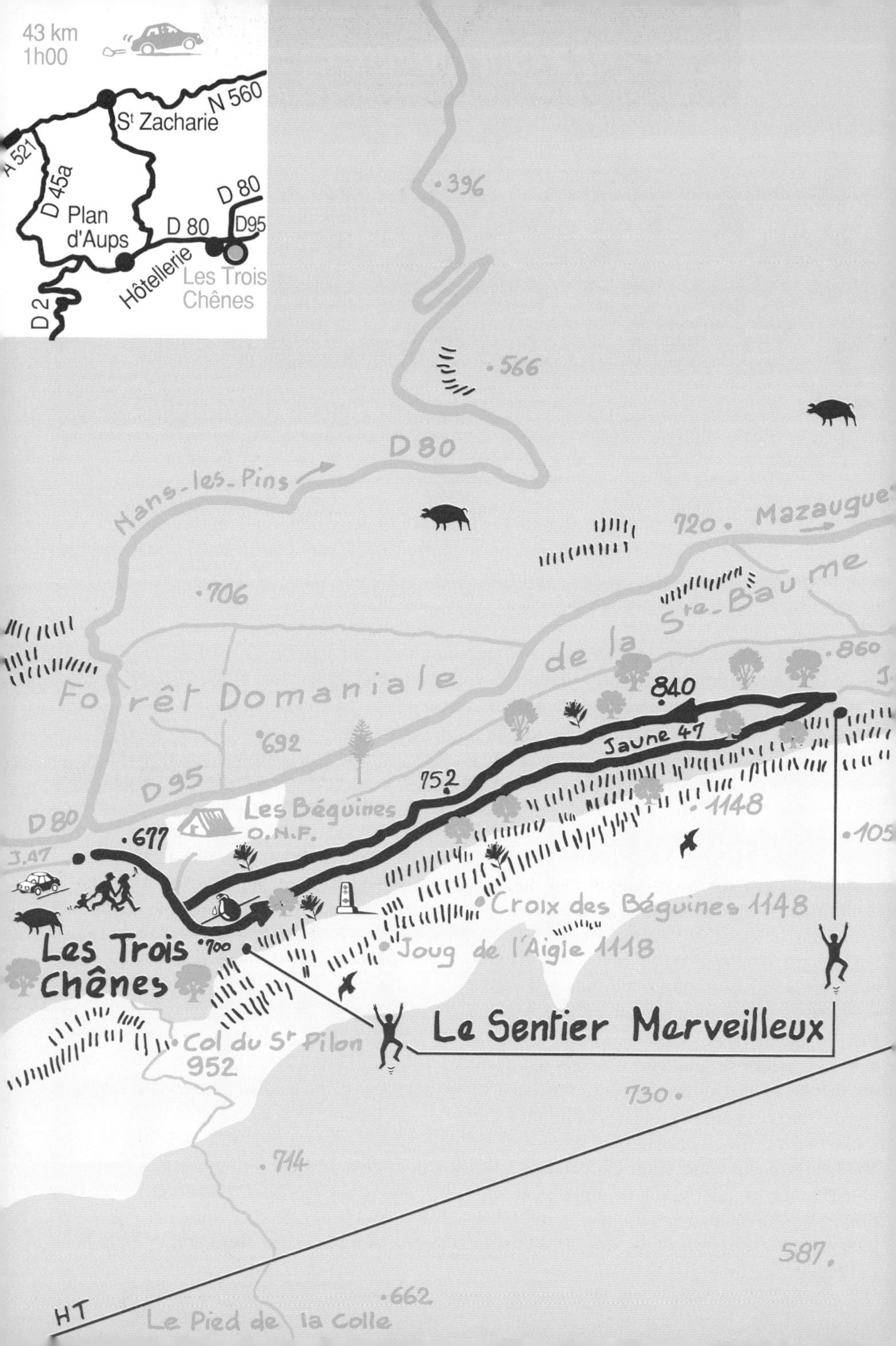
43 km
1h00
N 560
St Zacharie
A 521
D 45a
Plan d'Aups
D 80
D95
Hôtellerie
Les Trois Chênes
D 2
396
566
D 80
Nans-les-Pins
720
Mazaugue
Forêt Domaniale de la Ste Baume
706
692
860
840
Jaune 47
752
D 95
D 80
Les Béguines
O.N.F.
677
J.47
1148
105
Croix des Béguines 1148
Joug de l'Aigle 1118
Les Trois Chênes
700
Le Sentier Merveilleux
Col du St Pilon
952
730
714
587
662
HT
Le Pied de la Colle

30 - Le Sentier Merveilleux

Les Trois Chênes - 677 m

860 m - 183 m

2h35

Jaune 47 partiellement

Cette boucle, toute en longueur, se situe presque entièrement dans la chênaie qui peuple les flancs humides de la Sainte Baume, à la verticale de la Croix des Beguines. L'appellation "Sentier Merveilleux" remonte à plus de 40 ans ; elle est due à un chirurgien marseillais, le Dr Poucel et à ses amis qui œuvraient déjà pour la défense de la faune et de la flore. Sur un monolithe en bordure du sentier, une plaque évoque la mémoire de ce médecin.

Au début de l'été, il y a en général beaucoup de fleurs. Parmi elles, une rareté à si basse altitude, un petit miracle de la Sainte Baume : le lys martagon. N'est-ce pas "merveilleux" !

700 à 800 m à l'Est de l'Hôtellerie, à hauteur du carrefour D80 Plan d'Aups/D95 Mazaugues, pénétrer à droite dans la vaste clairière des Trois Chênes. Parking.

Direction Est après les barrières rustiques, le tracé jaune 47 apparaît ; le suivre désormais ; chemins d'exploitation forestière bien malmenés sur quelques centaines de mètres. Virage à droite et légère montée en direction de la forêt, au pied des falaises. A gauche, une source peu visible s'écoule au bas d'une pierre en forme de demi-meule. Le sentier s'élève toujours et devient plus ou moins parallèle aux parois en gardant la direction générale de l'Est. La rencontre avec une piste récente pour le dégagement du bois perturbe un court instant le cheminement ; on le reprend sur la droite très rapidement.

A gauche, sur un gros bloc erratique, on peut voir la plaque du Dr Poucel. Le sentier continue dans la forêt principalement peuplée de jeunes chênes, d'ifs et de quelques hêtres. Un cairn marque le départ du tracé noir vers la falaise. Proche d'une source, le sentier s'infléchit à gauche et descend vers une piste forestière qui est dans la même direction générale (1h30).

Le jaune 47 poursuit à droite et, si vous le désirez, vous pourrez le suivre jusqu'au Grand Hêtre, arbre célèbre et pluricentenaire (30 mn aller-retour en sus de l'horaire : voir balade n° 29).

Descendre à gauche la piste forestière direction Ouest. Plus loin, une chaîne barre le chemin (aux seuls véhicules). Continuer sur le beau chemin forestier qui prolonge la piste. Dans une boucle bien prononcée, quitter le chemin pour prendre en face : vous retrouvez le chemin de l'aller jusqu'au parking (2h35).

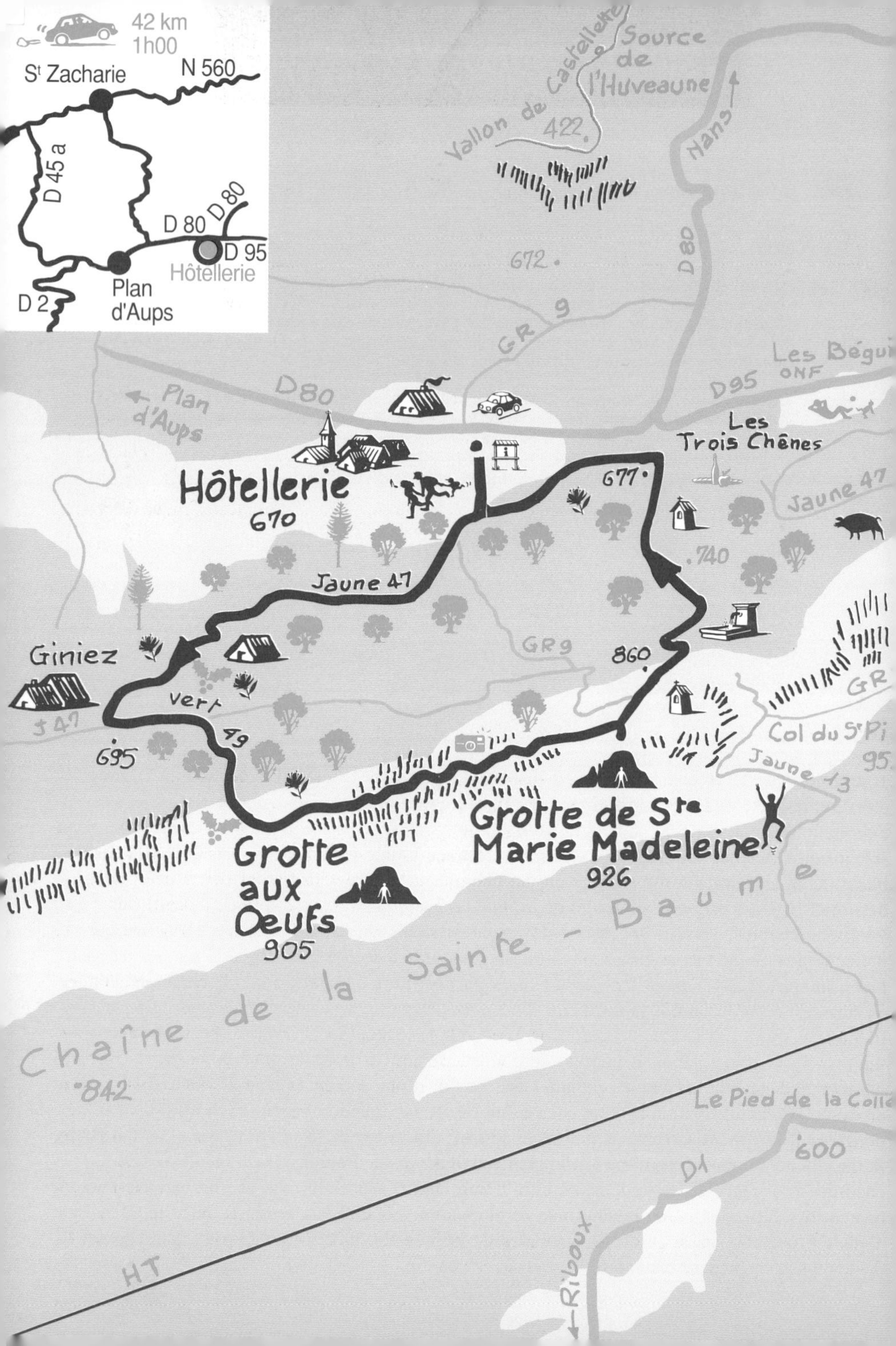

42 km
1h00
St Zacharie
N 560
D 45 a
D 80
D 80
D 95
Hôtellerie
Plan d'Aups
D 2
Source de l'Huveaune
Vallon de Castelette
422
Nans
672
D80
GR 9
Les Bégu
ONF
D95
D80
Plan d'Aups
Les Trois Chênes
Hôtellerie
670
677
Jaune 47
740
Jaune 47
Giniez
GR9
860
vert 49
J 47
695
GR
Col du St Pi
95
Jaune 13
Grotte de Ste Marie Madeleine
926
Grotte aux Oeufs
905
Chaîne de la Sainte - Baume
842
Le Pied de la Colle
600
D1
HT
Riboux

31 - La Grotte de Sainte Marie Madeleine par la Grotte aux Œufs

face à l'hôtellerie, près du bar - 670 m

926 m - 256 m

2h30

Jaune 47, Vert 49

Au centre de l'épaisse forêt de la Sainte Baume, parmi les ifs, les fusains, les houx et surtout les hêtres majestueux, la balade atteint le bas des falaises. En fin de parcours, ce sera...le Saint des Saints : la grotte où vécut Sainte Marie Madeleine. On trouve des traces de pélerinage datant du Ve et surtout du XIIe siècle, où furent érigés chapelle, couvent, etc. Ces bâtiments subirent bien des vicissitudes jusqu'à l'époque actuelle.

De la terrasse vous dominerez la forêt, qui à l'automne, "vous offrira l'or clair des tilleuls et des hêtres, le jaune cuivré des marronniers, le brun mordoré des chênes et le rouge orangé des érables".
La descente unira l'Histoire et la Nature puisqu'à travers les grands chênes blancs, vous serez sur le chemin qu'empruntèrent les Rois pour venir prier à la Grotte.

Parmi les fleurs que, bien entendu, il ne faut pas cueillir dans cette forêt relique, citons : l'ancolie, le sceau de Salomon, la neptie nid d'oiseau, le daphné...

Parvenir à l'Hôtellerie sur la D80. Grandes facilités de parking.

100 m au-delà de la terrasse du bar, panneaux d'information sur la Sainte Baume : suivre le chemin rectiligne entre les cultures se dirigeant vers la forêt. Quand sa lisière est atteinte, tourner à droite et sur un large chemin de terre, suivre attentivement le tracé jaune (balises en général au sol) jusqu'à sa rencontre avec le tracé vert au-dessus de la ferme d'élevage de Giniez. Panneau blanc "Grotte, Saint Pilon". Monter par un chemin raviné, se rétrécissant peu à peu ; on suit désormais le tracé vert 49 (balisage d'abord peu visible, puis très net). Tourner à droite face à un vieux panneau "Forêt domaniale, Grotte aux Œufs" ; montée raide sur sentier terreux avec ressauts rocheux et racines affleurantes, glissant par temps de pluie.
La Grotte aux Œufs s'ouvre dans la falaise en une belle ogive (1h05). Sol en forte pente. Sentier en corniche entre le haut de la forêt et la falaise. Belles percées offrant des vues sur le plateau de l'Hôtellerie et tout l'horizon. Bref sentier à droite, accédant à la grotte Dalmace Moner. Au sentier toujours en balcon, vient se joindre le tracé marron venant du Pas de la Cabre. Vert et marron atteignent ensemble le calvaire sous la falaise et parviennent au chemin dallé qui, à droite, est l'accès unique à la grotte de Sainte Marie Madeleine. Après 150 marches d'escalier on atteint le perron-belvédère dominé par la grotte (1h55).
Redescendre à la bifurcation précédente. Le dallage se poursuit. Vous êtes désormais sur le chemin des Rois, non balisé mais évident et très fréquenté. Laisser à gauche le GR 9 qui, à hauteur d'un oratoire, continue plus bas à droite vers le col du Saint Pilon. Descendre jusqu'aux Trois Chênes. Ne pas franchir les barrières de bois, mais obliquer nettement à gauche sur le jaune 47 qui vous conduit au point où vous avez pénétré en forêt à l'aller (2h30).

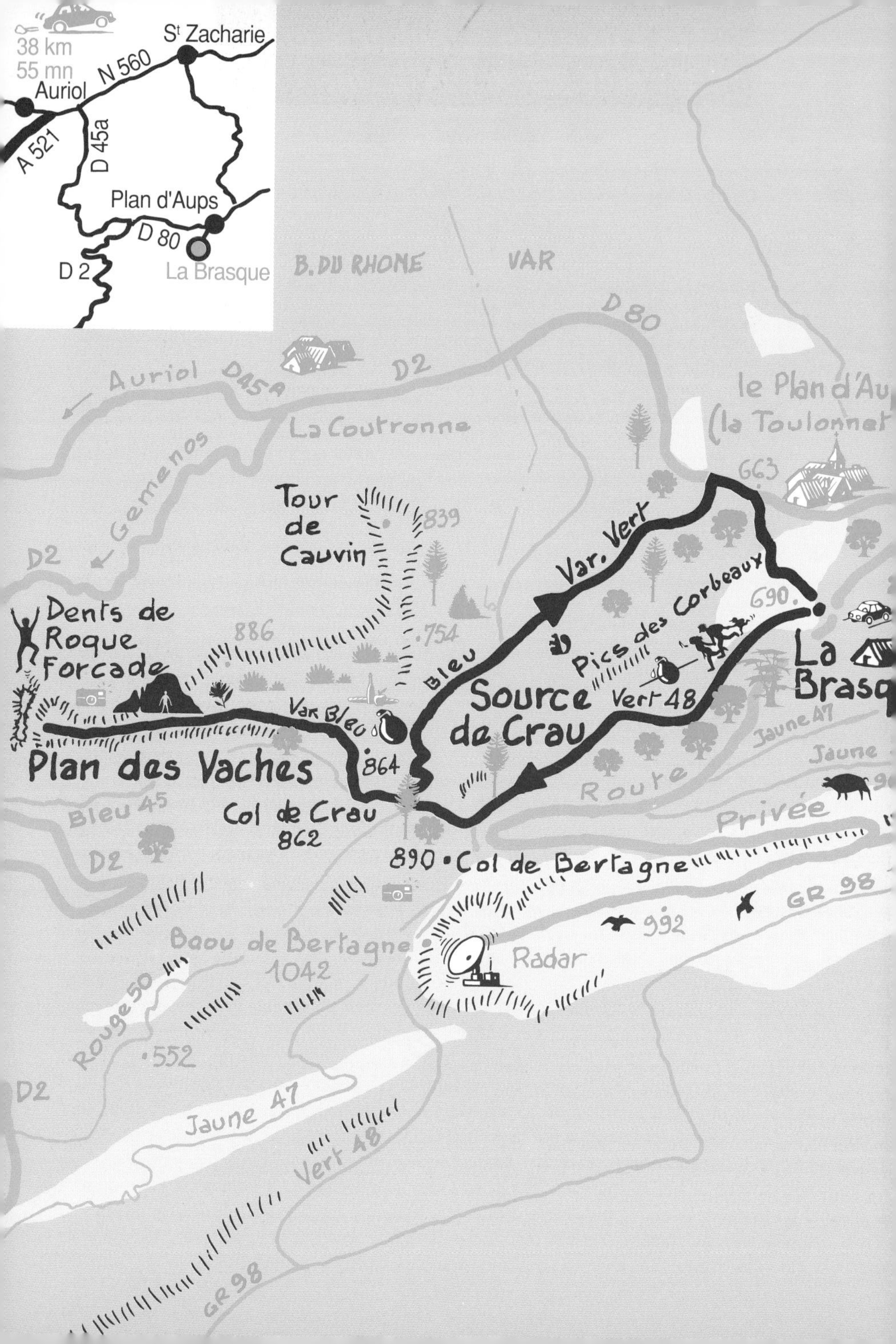
38 km
55 mn
St Zacharie
N 560
Auriol
A 521
D 45a
Plan d'Aups
D 80
D 2
La Brasque
B. DU RHONE
VAR
D 80
Auriol
D4A
D2
le Plan d'Au
(la Toulonnet
La Coutronne
Gemenos
D2
663
Tour
de
Cauvin
839
Var. Vert
Pics des Corbeaux
690.
Dents de
Roque
Forcade
886
.754
Bleu
La
Brasq
Source
de Crau
Vert 48
Var Bleu
864
Jaune 47
Plan des Vaches
Jaune
Route
Bleu 45
Col de Crau
862
Privée
D2
890 • Col de Bertagne
GR 98
992
Baou de Bertagne
1042
Radar
Rouge 50
.552
D2
Jaune 47
Vert 48
GR 98

32 - Le Plan des Vaches et la Source de Crau

Devant la barrière de la route privée - 690 m

886 m - 196 m

3h10

Vert 48, ancien Bleu, ancien Vert

Le Plan des Vaches, ou des Masques, vaste plateau peu boisé, bordé d'à-pic, fut un castellas à l'époque néolithique. Pour nous, il est un excellent belvédère d'où l'on peut admirer les hautes falaises du Baou de Bertagne et la perspective des crêtes de la Sainte Baume. Il permet de voir de près les curieuses dents ruiniformes de Roqueforcade ou la Tour de Cauvin, tour de guet à l'époque romaine, près de laquelle se trouvent les restes d'un tumulus.

Après ces divers horizons, vous apprécierez un remarquable site de verdure et de fraîcheur à la Source de Crau. Le récent élargissement du chemin muletier qui la longe n'a, fort heureusement, que peu dégradé ces lieux garnis de beaux pins sylvestres.

Dans le hameau de la Toulonnette, agglomération commerçante du Plan d'Aups, tourner à droite entre le bar et l'hôtel-restaurant "Le Pèbre d'Aï". Parcourir 600 m sur cette voie non numérotée. Parking sous les pins, devant la barrière de la route privée.

A droite, suivre le tracé vert 48 qui, peu après, laisse à gauche la ferme abandonnée de la Brasque. Le chemin s'élargit et, à gauche dans un creux, apparaît la Source des Lavandiers. Tournant à droite, le parcours est désormais sur un sentier montant, bien ombragé et nettement balisé. Dans le haut, la végétation est plus éparse et le sentier est construit sur de robustes soutènements de pierres. C'est le "petit chemin de fer" de jadis. A hauteur de la route privée que l'on retrouve, s'infléchir à gauche ; le col de Bertagne est à 200 m (0h40). Faites la pause dans ce site remarquable !
Direction Nord-Est, cheminez sur un tracé rouge et bleu. Après de faciles ressauts, ces jalons conduisent sur un plateau d'herbes sèches qui, peu après, s'abaisse vers l'insignifiant col de Crau. Le rouge bifurque à gauche. Au centre du col, montant à droite, apparaît le bleu 45 mal balisé ; le suivre vers le Nord sur 40 pas. Face à un cairn, laisser bleu 45 continuer à gauche. Pénétrer sur le Plan des Vaches : jalonnement d'un ancien bleu déficient sur 200 à 300 m, puis s'améliorant en bordure Sud du Plan. Dans une zone de blocs rocheux, 2 ou 3 cairns signalent un gouffre (- 60 m) sur la droite ; *pas de protection !* Le plateau s'élève au milieu d'une végétation plus importante. Dominer la bordure Nord et accéder à la fin du tracé bleu. Les Dents de Roqueforcade sont à vos pieds (1h40).
Revenir au col de Crau. Prendre à gauche le bleu 45 ; descente rapide sur le chemin muletier (RDF) jusqu'à la source. Négliger une sente à gauche. La route descend le vallon bien boisé en suivant un balisage vert ; lorsqu'elle tourne brusquement à gauche, continuer tout droit sur sentier avec le vert. Après quelques virages, arrivée sur la D80 face à une clôture. Suivre la route à droite sur 200 à 300 m. Repéres successifs à droite : portail fer forgé, 2 poteaux EDF, chemin privé et enfin terrain vague avec quelques rochers : le vert réapparaît sur l'un deux ; le suivre en sous-bois : monter sur un petit talus ; à gauche sur une grange abandonnée, le balisage vert vous aiguille à droite. Rencontre du vert 48 de l'aller près de la Brasque. Tourner à gauche pour arriver au parking (3h10).

NB : la route privée desservant relais hertzien et radar n'est interdite qu'aux seuls véhicules.

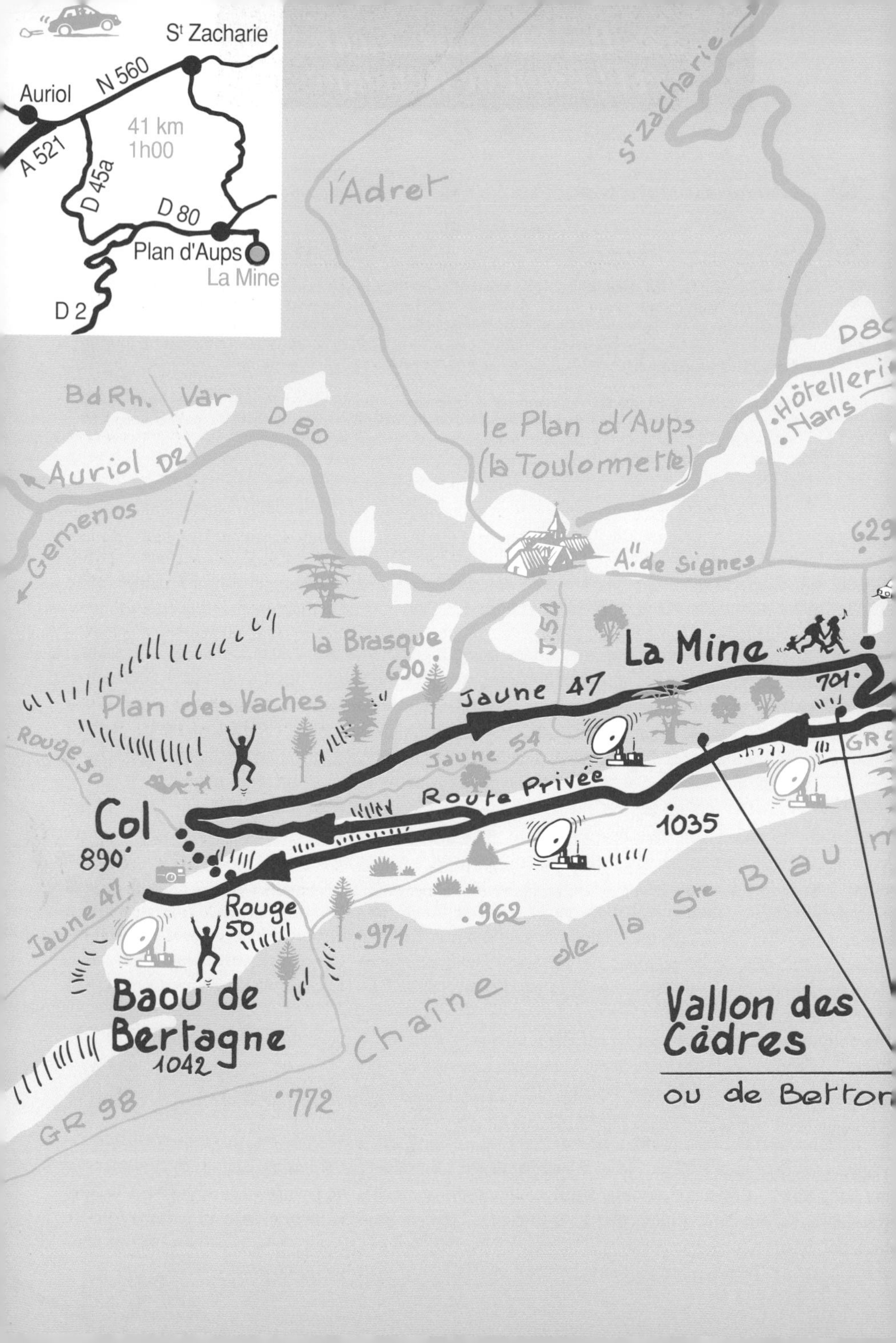
St Zacharie
Auriol
N 560
A 521
D 45a
41 km
1h00
D 80
Plan d'Aups
La Mine
D 2
l'Adret
St Zacharie
D80
Hôtellerie
Hans
Bd Rh.
Var
D 80
Auriol D2
Gemenos
le Plan d'Aups
(la Toulonnette)
629
A.de Signes
la Brasque
690
J.54
La Mine
Jaune 47
701
Plan des Vaches
Rouge 50
Jaune 54
Route Privée
Col
890
1035
GR
Jaune 47
Rouge
50
962
971
Chaîne de la Ste Baume
Baou de
Bertagne
1042
Vallon des
Cèdres
ou de Betton
GR 98
772

33 - Le Vallon des Cèdres et le Baou de Bertagne

Centre de Loisirs la Pastorale - 700 m — 1042 m - 342 m

A : 3h25 — B : 3h40 — Vert 49, Jaune 50, Jaune 47

En parcourant l'Ouest de la forêt de la Sainte Baume, vous en découvrirez un nouvel aspect parmi quelques beaux cèdres et de multiples feuillus tels le sycomore et l'érable. Sur la crête au-dessus de ces sites millénaires, la modernité s'est installée : relais hertzien, dont la construction fit couler beaucoup d'encre, et radar. Ainsi, comme par le passé (on pense au télégraphe Chappe !), les hauts lieux demeurent-ils des supports de la pensée humaine...

Au col de Bertagne, après avoir admiré la beauté du site, avancez un peu vers l'Ouest. Vous serez là, au pied même du Baou, et vous apprécierez la verticalité, la rudesse de ces falaises de 150 mètres de haut (très prisées par les escaladeurs) au-dessus desquelles vous étiez quelques minutes plus tôt.

Distance entre le Plan d'Aups (la Toulonnette) et le parking situé au Centre de Loisirs la Pastorale : 2,2 km. Partir à droite et parcourir 150 m environ sur la D80 jusqu'à un virage à gauche. Continuer tout droit sur l'allée de Signes (panneau). Au bout de 1,4 km, abandonner cette voie qui tourne à gauche (panneau routier : Allée des Cantons). Poursuivre tout droit. Peu après, panneau du Centre invitant à tourner à droite. Au bout de ce nouveau chemin, se garer au fond du pré, loin du Centre. A ses abords, soyez discrets ! Vous êtes au lieu-dit la Mine.

Partir à gauche à l'extrémité du chemin d'arrivée en direction de la forêt. Peu après, couper un large chemin emprunté par jaune 47. Barrière de feu à droite. Suivre désormais le vert 49 (inscription sur deux tuyaux en ciment ressemblant à un puits). Le tracé monte, franchit une barrière de feu et contourne une citerne parmi les cèdres sur un chemin forestier. On domine très vite le Plan d'Aups. 200 m environ après l'épingle la plus à l'Est débute un sentier raide et peu visible (cairn) montant à la grotte des Cèdres (ou de Betton) ; belle entrée en ogive. 10 à 15 minutes aller-retour en sus de l'horaire. Ignorer plusieurs laies forestières prenant à droite. Le chemin monte toujours et devient davantage rectiligne à travers une grande variété d'essences. Devenu sentier, il rencontre de beaux cèdres. Par quelques escarpements faciles on parvient à la crête ; fin du vert 49 (0h55).

Suivre à droite la route privée. Peu après, la quitter un moment afin de contourner le relais hertzien par la gauche. Reprendre la route vers l'Ouest ; au bout de 600 m environ, délaisser à droite le tronçon de route privée venant de la Toulonnette. Continuer sur la route vers l'Ouest. Pas de balisage, sauf les petits réflectorisants rouges et blancs fixés à la glissière. Quelques centaines de mètres après, on accède au relais radar de l'Aviation Civile. S'avancer le long des clôtures pour dominer partiellement la vallée de Saint Pons (1h50).

Reprendre la route vers l'Est sur 300 m environ. Repérer alors un tracé rouge brique qui part à gauche. Pour descendre au col de Bertagne :

A - Itinéraire "sportif" : franchir les glissières et suivre le balisage rouge brique bien visible sur des rochers arrondis jusqu'à une crête, puis descendre lentement sur un sentier caillouteux avec deux passages rocheux un peu escarpés. Le col très vert est sous vos yeux (2h20).

B - Itinéraire "routier" : poursuivre vers l'Est sur la route. Au carrefour,descendre à gauche la route privée sur 1600 m ; au bout d'un muret, prendre à gauche le jaune 47 pour accéder au col proprement dit (2h35).

Du col, suivre le jaune 47 qui emprunte la route à la descente, laisse à droite un chemin (jaune 54), puis plus bas à droite pénètre dans la forêt de feuillus sur un beau chemin quasi horizontal ; il coupe le jaune 54 et un bleu, puis parvient à une barrière de feu. Bifurquer à gauche sur le chemin ramenant au parking (par itinéraire A : 3h25 ; par B : 3h40).

42 km
1h00
St Zacharie
A 521
N 560
D 45a
D 80
D 80
D 95
Hôtellerie
Plan
d'Aups
D 2
Nans
Source
de
l'Huveaune
D 80
422.
.672
Mazaugues
Plan
d'Aups
GR 9
D 95
D 80
Les
Trois Chênes
677.
Jaune 47
Croix
des
Béguin
1148
Hôtellerie
Jaune 47
GR 9
860
GR 9
Col du St Pilon
952
Chapelle
du St Pilon
1000
GR 98
Sainte - Baum
Chaîne de la
Jaune 13
Le Pied de la Co
D1
600
HT
Riboux

34 - La Croix des Béguines

Face à l'hôtellerie, près du bar - 670 m — 1148 m - 478 m

1h45 — 1h45 — GR 9

Un aller-retour forêt-crête ! Ainsi dans la même foulée, vous pourrez découvrir deux aspects, aussi séduisants l'un que l'autre de la Sainte Baume, haut lieu de Provence.

FORET ! Forêt domaniale, forêt relique a-t-on écrit, où les ifs et les hêtres, les fusains et les houx, essences peu méridionales ont élu domicile depuis des siècles ; parmi les fleurs, une rareté : le lys martagon. Au printemps et à l'automne, c'est une féérie de couleurs.

CRETE ! Chaînon calcaire de 12 km, véritable belvédère de la Méditerranée, dont vous atteindrez le point culminant : 1148 m. Tout en cheminant sur la crête vous pourrez comparer, au Sud, l'aspect aride et désolé, avec, au Nord, la luxuriance de cette forêt très continentale... égarée à 17 km de la mer.

Parvenir à l'Hôtellerie sur la D80. Grandes facilités de parking.

100 m au-delà de la terrasse du bar, panneaux d'information sur la Sainte Baume. Vous êtes sur le GR 9 sur tout le parcours. Suivre le chemin rectiligne entre les cultures et se diriger vers la forêt.

La lisière atteinte, le GR tourne à droite (chemin commun avec le jaune sur une centaine de mètres), puis tourner à gauche dans un sous-bois sombre d'ifs et de chênes. Lacets faciles, escaliers rustiques ; passage au site du Canapé. Lorsque le GR arrive face à un oratoire, vous croisez le chemin des Rois (dallage) ; c'est le Carrefour de l'Oratoire. Plus loin, on laisse à gauche la chapelle des Parisiens aux bardeaux bien vétustes. Au milieu d'une zone d'escaliers dégradés, dernier oratoire avant le col parmi de très beaux hêtres.

Au col du Saint Pilon (0h55), le panorama admiré, partir à gauche tandis que le tracé jaune 13 descend vers le Sud. Le balisage du GR a été "actualisé"... Les marques larges et disgracieuses ont été remplacées par des jalons discrets et normalisés, mais aussi moins nombreux. Sur ces crêtes très fréquentées, on rencontrera des cairns pouvant être utiles les jours de brume, en fait assez rares. Ignorer les vestiges d'un ancien balisage bleu.

La végétation de type garrigue est clairsemée puis disparaît dans la seconde partie de ce parcours de crêtes. Le sentier sur dalles ou sur cailloutis est quasi évident d'abord côté Sud, puis Nord ; sur ce côté Nord, belles échappées sur la forêt, d'ailleurs plus aisées sur le chemin du retour. Après une partie rectiligne, la sente s'élève dans une ample cheminée et parvient au pied de la Croix (1h45). L'horizon est dégagé sur 360° : vers le Nord, Nans les Pins, les Monts Auréliens, Sainte Victoire ; vers le "grand" Nord, la Montagne de Lure et l'Oisans. Vers le Sud, le Mourre d'Agnis, la mer, le massif des Calanques, etc. Vers le "grand" Sud, l'Ile de Beauté...

NB : au retour, vous pouvez en 15 à 20 minutes aller-retour pousser jusqu'à la chapelle du Saint Pilon (abri et table d'orientation).

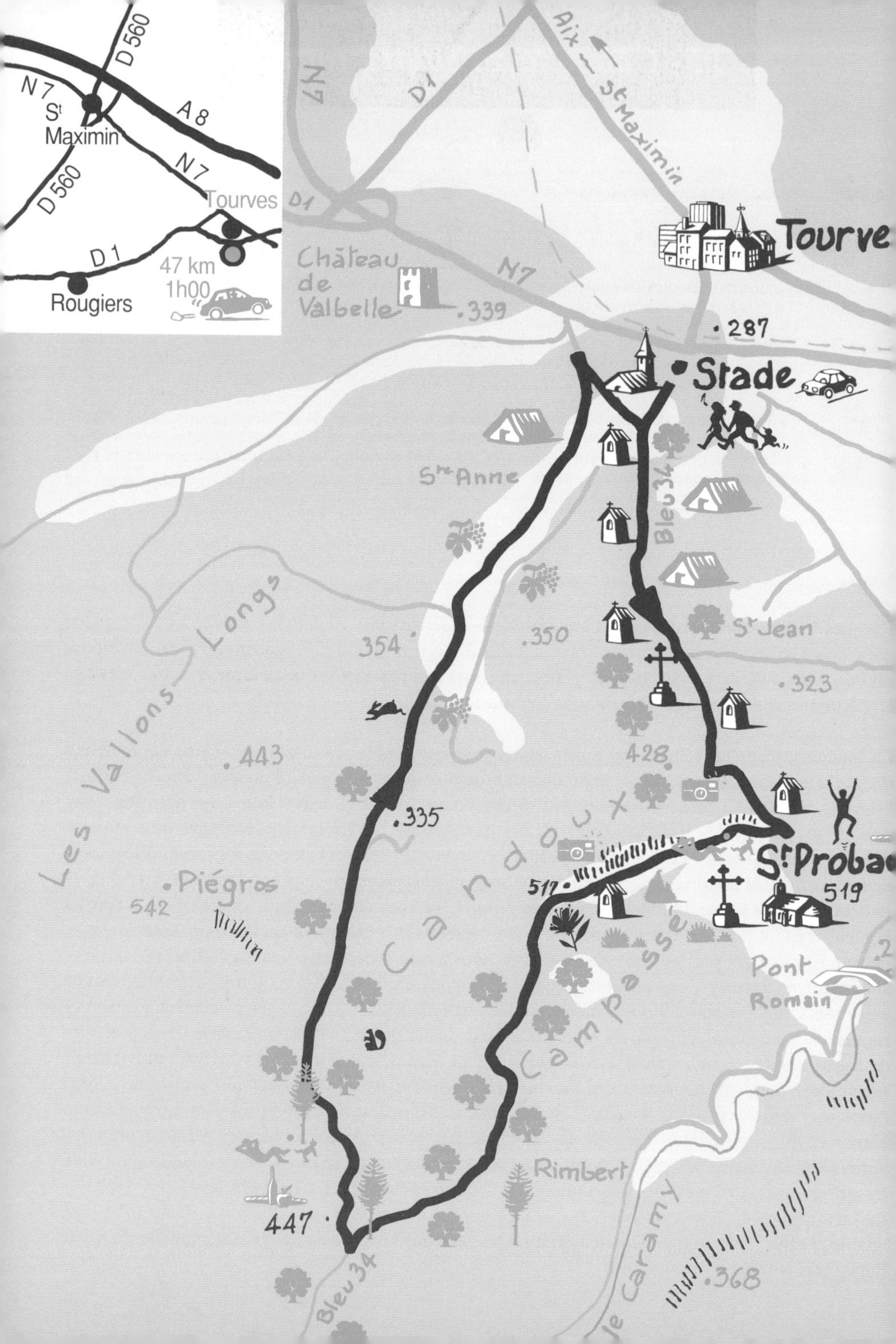
D 560
N 7
St Maximin
A 8
N 7
D 560
Tourves
D 1
47 km
1h00
Rougiers
N7
D1
Aix – St Maximin
D1
N7
Tourve
Château de Valbelle
.339
.287
Stade
Ste Anne
Bleu 34
Les Vallons Longs
354
.350
St Jean
.323
.443
428
.335
Candoux
St Probace
517
519
Piégros
542
Pont Romain
Campassé
Rimbert
447
Bleu 34
le Caramy
.368

35 - Chapelle de Saint Probace

à Tourves, stade H. Porro - 287 m

519 m - 232 m

2h30

Bleu 34

Au Sud de Tourves, sur une falaise surplombant la verdure, s'élevait jadis un oppidum. Au XVIIe siècle un petit monastère s'y établit ; il est bien conservé mais ne se visite pas. Là-haut on découvre un remarquable panorama : montagne de la Loube, Mourre d'Agnis, Sainte Baume, Saint Maximin et sa basilique, Sainte Victoire, Gros Bessillon au-dessus de Barjols caché, Tourves dominé par les ruines du château de Valbelle (1775) et son obélisque.

Au printemps le plateau s'orne d'iris nains bleus et jaunes, de globulaires bleus et, plus bas, de bouquets de violettes.

Depuis le village l'accès se fait par le sentier des Oratoires dont un bref tronçon, desservant propriétés et villas, est goudronné.
A Tourves : restaurants, commerces.

En venant de Saint Maximin, au bout de la rue A. Croizat (rue principale) tourner à droite, place de l'Hôtel de Ville. Face à la Mairie, prendre à gauche la rue L. Paranque. A son extrémité tourner à droite (rue Joliot-Curie). Délaisser un parking, passer sous deux tunnels : voie ferrée et RN7, pour arriver au stade H. Porro. Garez-vous.

Origine des sentiers ET34 bleu et ET33 jaune, peinte sur le mur face au stade. Partir sur le bleu à droite ; il s'élève peu après sur un sentier caillouteux dominant le stade (sur la droite, pointillé bleu conduisant en quelques minutes à Notre Dame de la Salette, XIXe siècle ; site agréable, petit parc de verdure autour de la chapelle, chemin de croix). Le chemin s'élargit et parvient sur une petite route montante face au 1er oratoire. Le balisage bleu très net suit la route. Rencontre successive de deux oratoires. En haut de la route, calvaire en fer forgé jouxtant un horrible poteau EDF. Le véritable sentier sous les pins et les chênes démarre ici. Une dizaine d'écriteaux botaniques, hélas peu lisibles, identifient les essences rencontrées sur le parcours, entre autres : pommier sauvage, laurier-tin, cytise à trois fleurs... Quatrième oratoire. Le balisage devient sommaire mais le chemin qui domine vite la contrée, est évident. Le dernier oratoire avant la crête représente Saint Probace. L'arrivée à la chapelle (519 m) et au calvaire attenant est très rapide (0h50). Progresser vers l'Ouest sur bleu 34. Chemin plat et caillouteux dépassant un dernier oratoire. Après cette zone de garrigue, la descente s'amorce parmi les grands chênes verts. Dans une dépression où apparaissent des pins maritimes très hauts, abandonner le bleu montant à gauche (1h25). Tourner à droite et descendre le vallon sur un large chemin (chênes blancs et pins maritimes). Le vallon s'élargit et perd son cachet forestier : cabanons, clôtures, vignes abandonnées, tel est le bas du vallon de Candoux. On parvient à un carrefour face à un tunnel sous la RN7 (2h10). Brève montée de 300 à 400 m sur la route fléchée Saint Probace. Laisser à gauche l'accès routier à Notre Dame de la Salette. Face à une borne d'incendie bien visible quitter la route à gauche. On retrouve le tracé bleu ; descendre au stade par le trajet de l'aller (2h30).

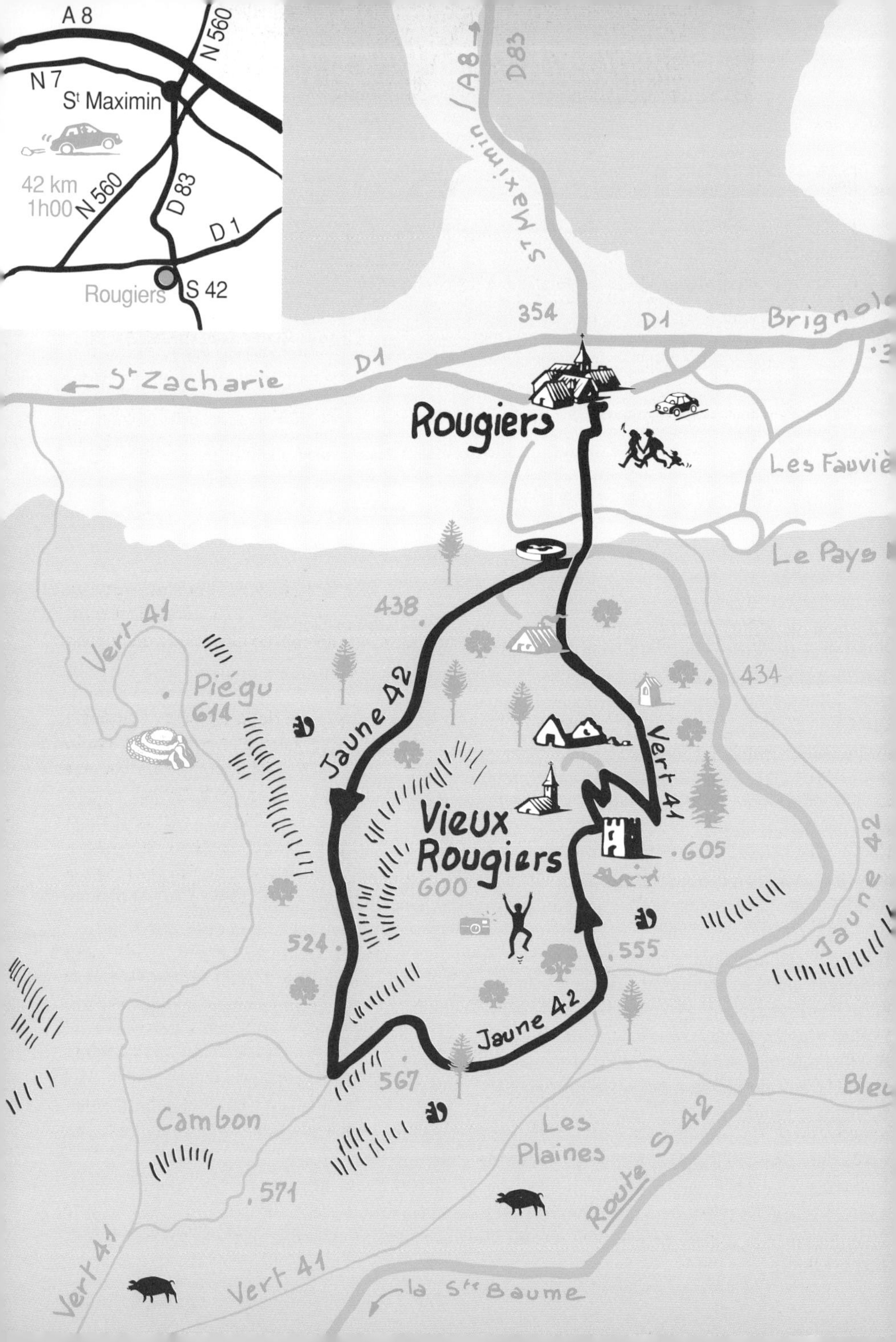

A 8
N 560
N 7
St Maximin
42 km
1h00
N 560
D 83
D 1
Rougiers
S 42
St Maximin / A8 →
D83
354
D1
Brignoles
D1
← St Zacharie
Rougiers
Les Fauvières
Le Pays
438
Vert 41
Piégu
614
Jaune 42
434
Vert 41
Vieux Rougiers
.605
600
Jaune 42
524
.555
Jaune 42
567
Bleu
Cambon
Les Plaines
Route S 42
.571
Vert 41
Vert 41
la Ste Baume

36 - Le Vieux Rougiers

Rougiers, sous le jeu de boules - 354 m — 605 m - 251 m

2h45 — Jaune 42, Vert 41

Rougiers, "un village provençal dans l'histoire", donne d'abord l'impression d'une commune paisible qui a su garder son caractère rural. Et puis, là-haut, sur la colline de Saint Jean de Solférino, votre balade sera consacrée aux ruines du château-fort (fin XIIe) et du vieux village édifié au-dessous. Des fouilles importantes (61-68) ont permis de dégager 29 maisons, de trouver 94 000 objets en céramique, verre ou métal. Petite exposition permanente en mairie fort intéressante (heures ouvrables).

La chapelle Saint Jean, récemment restaurée, date seulement de 1860.
A Rougiers, gîte d'étape "La Bergerie".

Lorsque la D83 coupe la D1, continuer tout droit. Parvenu Place de l'Horloge (fontaine), tourner à gauche dans la rue de Brignoles : mairie, PTT, église sur la gauche. Peu après, à droite, emprunter le chemin du Pays Haut (plaque) pour arriver au parking en contrebas du jeu de boules.

Quitter le parking vers l'Ouest. Remonter à gauche la courte Avenue de la Ferrage. Tourner à droite rue Constantine : face au n° 26 rue Sainte Anne, bifurquer à gauche et remonter toute la rue (400 m environ). Proche d'une BDF sur la gauche (route S42), obliquer à droite sur un chemin de terre. Peu après : panneau "La Bergerie", poteau EDF annonçant les balisages vert 41 et jaune 42, bassin, clôture. Suivre le jaune 42 sur un large chemin. Dans un virage, face à l'accès "Bergerie", le jaune 42 tourne à droite. Sentier étroit, puis chemin large et caillouteux sous les yeuses et les pins. Balisage espacé. Après un brusque changement de direction sur la gauche, jaune 42 et vert 41 venant de droite cheminent ensemble un court moment sur ce plateau (négliger un balisage vert pâle présent dans ce secteur).
Plus loin, le jaune descend à droite : continuer sur le vert 41 qui, après une montée peu ombragée, arrive parmi les ruines du château, puis à la chapelle Saint Jean (1h40). Petit bois agréable, large panorama devant la chapelle : Monts Auréliens, Sainte Victoire, Saint Maximin et sa basilique, le Gros Bessillon... Le vert 41 amorce la descente à droite de la chapelle. Petite grotte où subsiste un pilier : stalactite ou stalagmite ? A gauche sentier bordé de pierres accédant aux ruines restaurées. Les maisons sont soit basses et adossées au terrain en forte pente, soit élevées d'un étage. Le sentier bien balisé descend régulièrement. Le deuxième oratoire rencontré annonce la date de sa construction : 1864. On traverse une pinède de pins maritimes ; plus bas, après deux beaux épicéas jouxtant l'arrière du bassin, on atteint le haut de la rue Saint Anne et l'on rejoint le parking (2h45).

NB : un balisage récent fait de tours crénelées bleues, "les Châteaux Varois", jalonne pratiquement le même itinéraire.

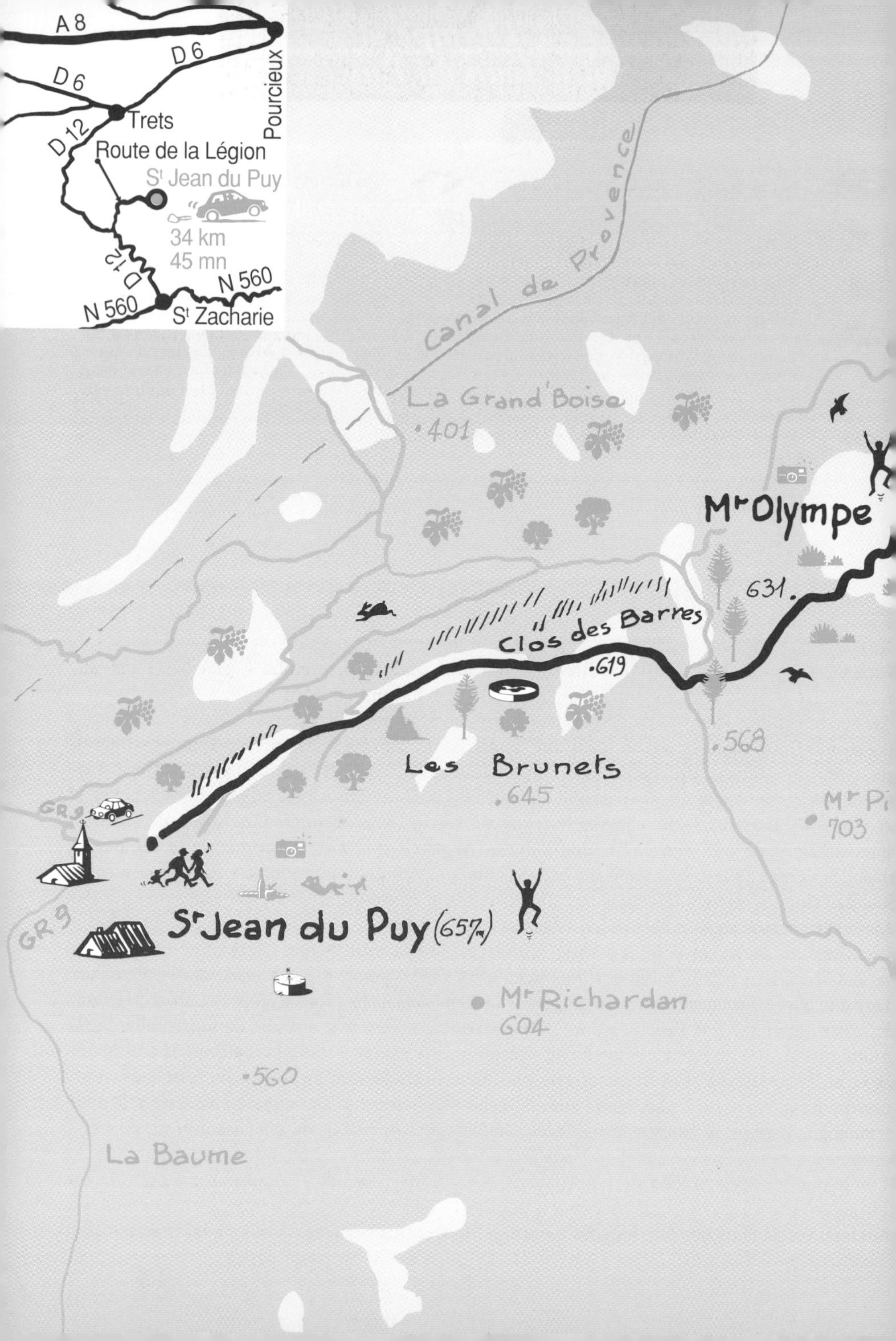
A 8
D 6
D 6
Pourcieux
Trets
D 12
Route de la Légion
St Jean du Puy
34 km
45 mn
D 12
N 560
N 560
St Zacharie
Canal de Provence
La Grand'Boise
401
Mt Olympe
631
Clos des Barres
619
568
Les Brunets
645
Mt Pi
703
GR 9
GR 9
St Jean du Puy (657m)
Mt Richardan
604
560
La Baume

37 - L'Olympe et Saint Jean du Puy

Terminus de la route de la Légion - 650 m

819 m - 171 m

1h45 — 1h05 — Non balisé

Entre la Montagne du Regagnas et les Monts Auréliens, le Prieuré de Saint Jean du Puy édifié sur une butte couverte de chênes verts et miraculeusement sauvé de l'incendie en 1989 est un site fort accueillant. Prieuré au XIIe siècle, puis ermitage, il est actuellement entre les mains de l'Association des Amis de Saint Jean du Puy (Tél. 42 61 49 14) qui a beaucoup œuvré pour la restauration de l'ensemble. On trouvera chapelle, abri, refuge aménagé, emplacements ombragés pour pique-nique, oratoire. De là, comme de l'Olympe, on découvre principalement Sainte Victoire et Sainte Baume ; en résumé, un cadre fort apprécié dans le monde de la randonnée.

Sur la D12 à 8 km de Trets en direction de Saint Zacharie, prendre à gauche (panneau, monument), la route de la Légion Etrangère. Parking et terminus à 3 km.

Tournant le dos à la route d'arrivée, partir à gauche d'un pilier maçonné, accédant ainsi parmi quelques ruines à un court chemin au sol inégal. Peu après, jonction à droite avec une large RDF direction Est-Nord-Est. Cette voie, non balisée, en lisière de propriétés privées est évidente sur tout son parcours parmi chênes blancs, pins d'Alep et cades. En guise de balisage : potelets jaunes de France Télécom, mini-silos à grains destinés au gibier, panneaux de la société de chasse La Cère, panneaux interdisant la cueillette des champignons... Oubliez ces contraintes en écoutant chanter le coucou !

Après deux carrefours de chemins semblables, poursuivre tout droit. Le chemin aux montées et descentes peu importantes traverse une des vignes de la Grand'Boise. On découvre bientôt les masses rocheuses de la chaîne des Auréliens dont l'Olympe est l'avant-garde. Large carrefour dans une dépression parmi les pins. Délaisser la RDF descendant à gauche et le chemin montant de droite ; monter tout droit sur une voie qui peu après devient sentier. Grimpée raide mais courte sur deux buttes successives : le sentier aborde alors le versant caillouteux du Mont Olympe, tracé peu net, d'abord rectiligne, puis en lacet parmi les blocs, les éboulis et le thym (ni escarpements, ni à-pic). Accès au sommet près d'un signal géodésique dégradé (1h25). Au printemps, le plateau sommital vous accueille sur un tapis d'hélianthèmes en récompense de votre effort !

Retour par le même itinéraire ; *prudence en descendant : éboulis !* Revenu au parking (2h40) retrouver la route de la Légion parcourue ici par le GR 9. Le suivre à gauche, passer sous un porche ; le GR vous conduit sous les ombrages de l'ancien prieuré. Retour définitif au parking (2h50).

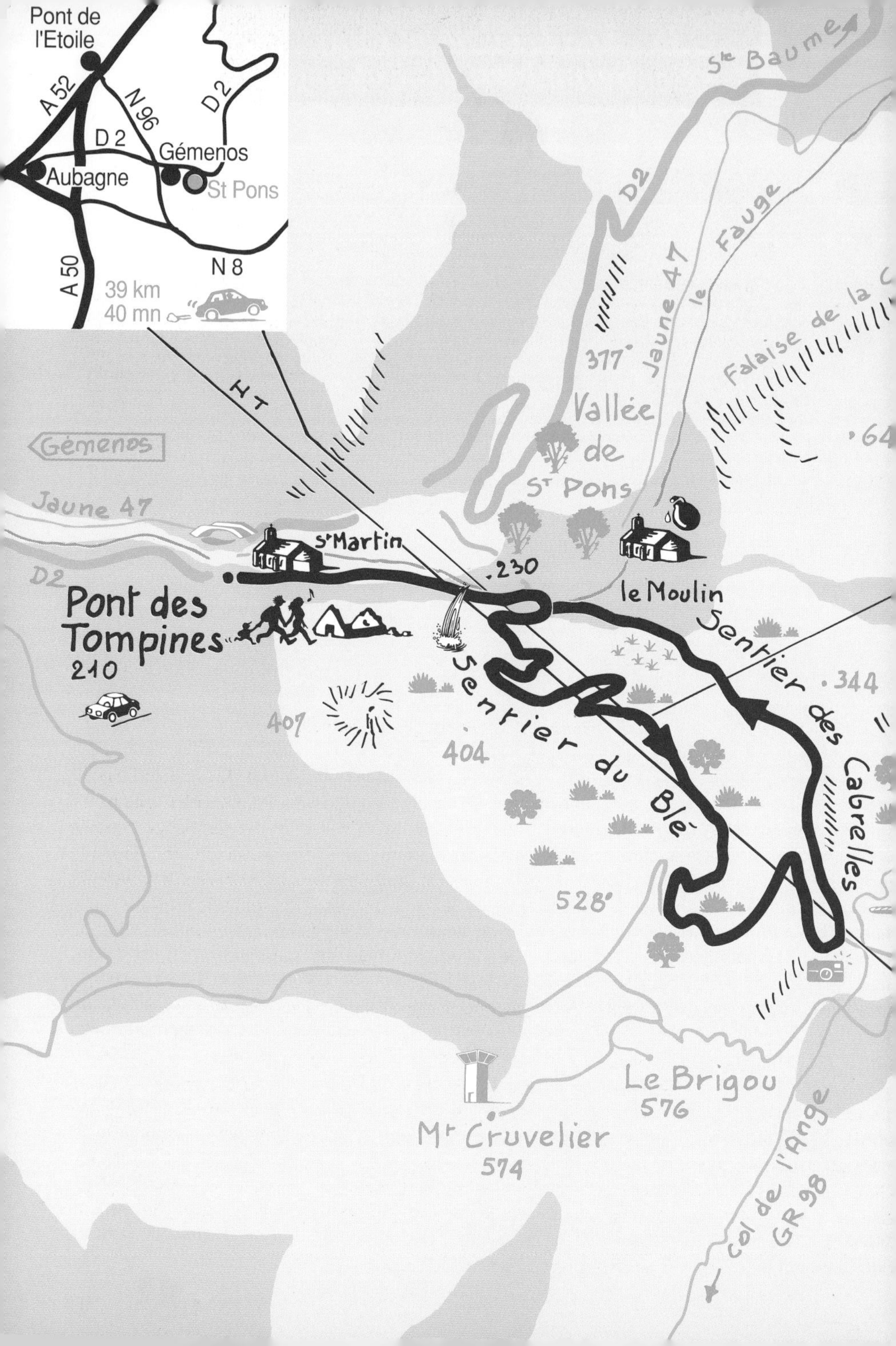

Pont de l'Etoile
A 52
N 96
D 2
D 2
Gémenos
Aubagne
St Pons
A 50
N 8
39 km
40 mn
Ste Baume
D2
le Fauge
Jaune 47
Falaise de la
377
Vallée de St Pons
Gémenos
Jaune 47
D2
St Martin
.230
le Moulin
Pont des Tompines
210
Sentier du Blé
Sentier des Cabrelles
.344
407
404
528
Le Brigou
576
Mt Cruvelier
574
col de l'Ange
GR 98

38 - Vallée de Saint Pons : Les Sentiers du Blé et des Cabrelles

Après le pont des Tompines - 210 m

462 m - 252 m

1h25

1h05

Jaune 47 au début

A l'extrémité Ouest du massif de la Sainte Baume, la Vallée (ou Parc de Saint Pons) est un havre de verdure et de fraîcheur ouvert au public et très fréquenté. Dans cette propriété du Conseil Général, pique-nique, chiens, vélos et cueillette de fleurs sont interdits, mais tout cela est possible dans la prairie entre Gémenos et le pont des Tompines. La balade traverse une petite partie du Parc, puis s'élève dans des zones de garrigue où l'ombre est plus rare, mais où la vue dominant les arbres de grande taille (hêtres, platanes, chênes verts) est très belle, à l'automne en particulier.

Le sentier du Blé était utilisé jadis par les Cugens (habitants de Cuges) pour venir au Moulin de Saint Pons moudre leur blé.
Nombreux restaurants entre Gémenos et le pont des Tompines.

:,2 km après Gémenos sur la D2, se garer après le pont des Tompines.

'énétrer dans le Parc face au panneau d'information du Conseil Général. Le sentier large et :vident est emprunté par le tracé jaune 47. A 150 m du départ, à gauche, chapelle romane de ;aint Martin le Vieux (XIIe), ancienne église de Gémenos. On suit l'allée du Fauge entre le uisseau et le petit canal alimentant jadis des usines aux ruines envahies par la verdure. Face à la :ascade du Moulin (la 2ème depuis le départ) laisser le jaune partir à gauche vers le centre du 'arc. A droite, poteau indiquant "Sentier du Blé" ; suivre cet ancien chemin muletier (non balisé nais évident) qui, dominant le Parc, monte en lacets réguliers. Echappées sur les Dents de Roqueforcade, le Garlaban et, plus haut, l'impressionnant Baou de Bertagne (1042 m). Passer olusieurs fois sous des lignes Haute Tension. Le sentier du Blé s'achève lorsqu'on atteint une RDF venant du Brigou et du Cruvelier. –Hors programme, on peut, en virant à droite, joindre ce lernier sommet (vigie, parapente) en 30 minutes environ aller-retour.– Suivre la RDF à gauche sur environ 1 km jusqu'à un panneau très visible du GR 98 indiquant la direction : col de l'Ange (en s'élevant de quelques dizaines de mètres, on découvre à l'horizon la côte varoise à l'Ouest le Toulon) (1h25). En face du panneau, tourner brusquement à gauche et descendre un étroit sentier bien doté... en argeiras. On est désormais sur le sentier des Cabrelles (non balisé). Il s'élargit et délaisse un chemin venant de droite (ne pas tenir compte de vieux balisages bleu et GR). Le sentier dévale dans la garrigue puis se rétrécit dans une zone de quasi forêt vierge. Laisser à droite le chemin le long du ruisseau en direction de l'abbaye. On atteint la cascade du Moulin.
Pour la fin du parcours, même chemin qu'à l'aller (2h30).

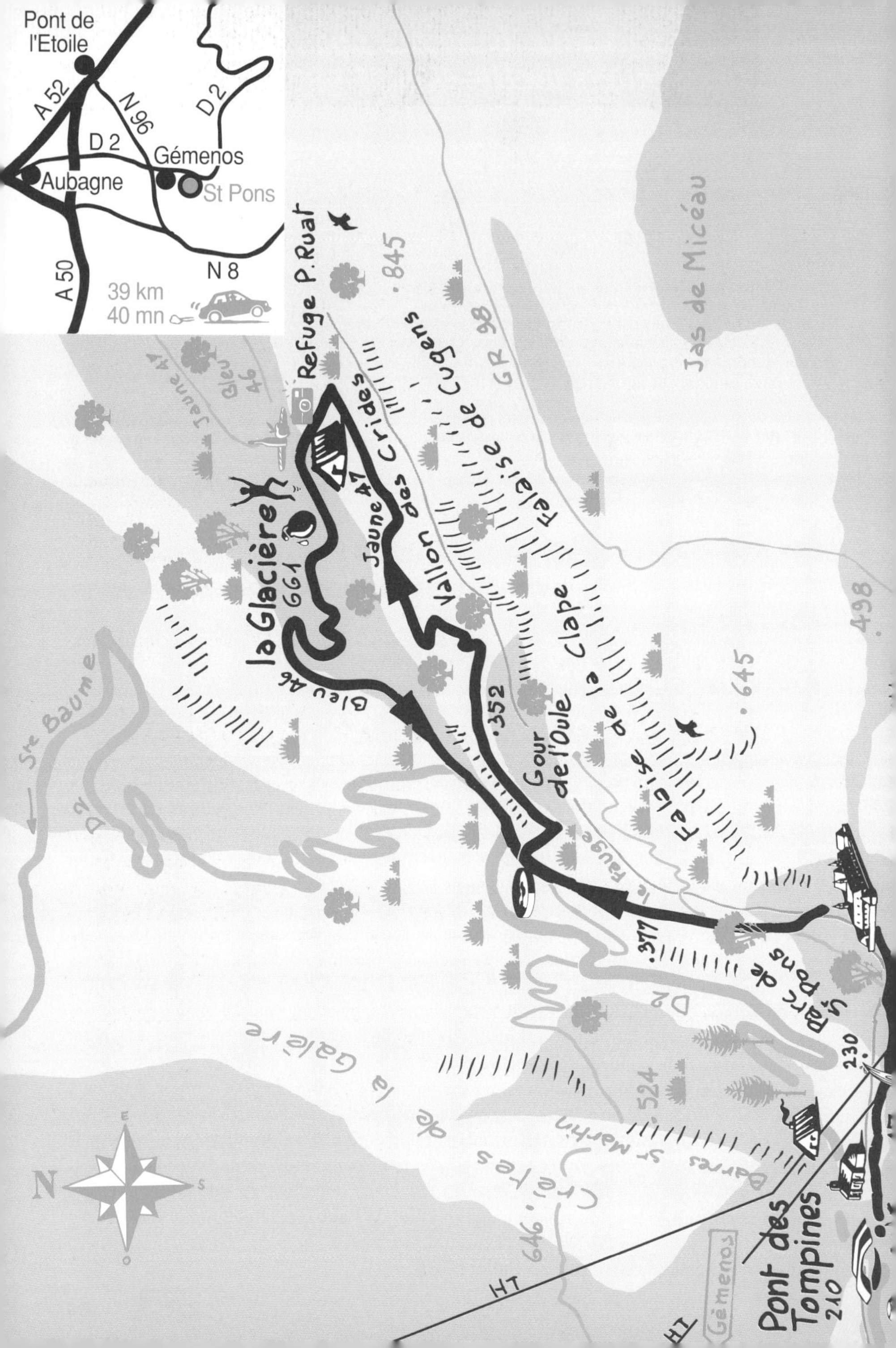
Pont de l'Etoile
A 52
N 96
D 2
D 2
Gémenos
Aubagne
St Pons
A 50
N 8
39 km
40 mn
Refuge P. Ruat
845
Jas de Micéau
GR 98
Vallon des Crides
Falaise de Cugens
Jaune A7
la Glacière
661
Bleu A6
Jaune A7
Bleu A6
352
Gour de l'Oule
Falaise de la Clape
645
498
le Fauge
377
Parc de St Pons
230
Ste Baume
D2
D2
Crête de la Galère
524
Crêtes St Martin
Barres St Martin
646
Pont des Tompines
210
Gémenos
HT
HT
N
S
E
O

39 - La Glacière par la Vallée de Saint Pons

Après le pont des Tompines - 210 m — 661 m - 451 m

2h00 — 1h40 — Jaune 47, Bleu 46

Au pied (ou presque) du Baou de Bertagne se niche un merveilleux oasis de fraîcheur. C'est la Vallée (ou Parc) de Saint Pons, vaste domaine naguère privé, ouvert au public depuis vingt ans. Vous y découvrirez :
1- Saint Martin le Vieux, chapelle du XIIe qui fut autrefois l'église paroissiale de Gémenos.
2- Le Fauge, charmant ruisseau serpentant au bord de quelques prés et surtout parmi platanes, hêtres, ifs, épicéas de très grande taille.
3- Une abbaye du XIIIe ; occupée pendant seulement 200 ans (1205-1407), c'est le couvent cistercien pour femmes le mieux conservé de la région. Importantes restaurations achevées en 1992. Outre le bel ensemble des façades, admirez les portes en fer forgé. Ne se visite pas.

Le pique-nique est interdit dans le Parc, mais non point...la sieste sous les merveilleux ombrages...

La balade s'achève au-dessus de la vallée, à la Glacière. Cette construction ruinée eut son "heure" de gloire du XVIIe au XIXe siècle, avec de nombreuses autres à l'Est de la chaîne : on y conservait la glace naturelle et, l'été, on la vendait à Marseille et à Toulon.

2,2 km après Gémenos sur la D2, se garer après le pont des Tompines. On pénètre dans le Parc face au panneau d'information du Conseil Général.

Le sentier large et évident est emprunté par le tracé jaune 47. A 150 m du départ, à gauche, chapelle romane de Saint Martin le Vieux. On longe ensuite les eaux claires du Fauge. Sur la gauche à 200 m, ferme de la Blancherie (chevaux, biches) qui abrite les services ONF gérant le Parc. Peu après les ruines du Moulin, jouxtant une belle cascade moussue, on abandonne le jaune. Descendre à droite vers l'ombreux vallon des Ades. Passer sous un pont de pierre pour atteindre l'abbaye par un escalier rustique. Derrière l'abbaye, la source de Saint Pons bouillonne au pied de la falaise avant de rejoindre le Fauge. Longer la prairie de l'abbaye côté droit. A hauteur d'une station de pompage, un ponceau traverse le Fauge et atteint une large route de terre. Vous y retrouvez le jaune 47. C'est l'allée des Platrières, zone de plantations nouvelles où l'on vient d'installer un système d'arrosage perfectionné pour prévenir les incendies de forêts.
A droite (poteau), on peut accéder et se rafraîchir au gour de l'Oule (20 mn aller-retour en sus de l'horaire). A la citerne DFCI, le jaune tourne nettement à droite et délaisse ainsi le départ du tracé bleu 46. Agréable sentier balcon au-dessus du cirque ceinturant le gour de l'Oule. Très belle vue sur la "muraille" de Bertagne à droite et, loin à gauche, sur les crêtes de la Galère. Cheminer un moment sous des voûtes de chênes verts, puis le long d'autres chênes victimes de l'incendie et qui repoussent avec vivacité. Après une crête, emprunter le vallon des Crides, puis, à flanc, sur des dalles faciles, atteindre le refuge Ruat. Quelques mètres encore, on coupe le bleu 46 et l'on débouche sur le site rafraîchissant et la source de la Glacière. Celle-ci fortement ruinée est sur la gauche : *prudence recommandée !* De la Glacière on voit au Sud-Est les falaises de Cugens et le Trou du Vent (2h00).
Pour le retour, deux possibilités : ou bien par le même itinéraire, ou bien par le bleu 46 qui descend dans la garrigue, longe la route D2 sur 300 m environ, puis descend à gauche pour retrouver le jaune 47 proche de la citerne DFCI. Ensuite, suivre le jaune comme à l'aller (3h40).

Parmi les très nombreuses balades qu'offre le massif des Calanques, il fallait choisir... Les six que nous avons retenues (n° 47 à 52) présentent le double avantage de figurer parmi les plus belles et d'éviter aux Aixois la fastidieuse traversée de Marseille pour atteindre leurs points de départ. Vous pourrez élargir cette liste en vous reportant au guide *52 balades en famille autour de Marseille* dans cette même collection.

Siou Blanc

	Temps de marche aller-retour
40 - Les Aiguilles de Valbelle	2 h 30
41 - La Colle de Fède	2 h 50
42 - L'Abîme de Maramoye et l'Eléphant de Pierre	3 h 20
43 - La Tête de la Marquise et le Pas de Belgentier	3 h 40

Les Calanques

	Temps de marche aller-retour
44 - Le Cabanon du Marquis	1 h 50
45 - Le Cabanon des Gardes	2 h 20
46 - La Chapelle St André	1 h 20
47 - Port Pin et Pointe Cacau	2 h 45
48 - Le Belvédère d'En Vau	2 h 40
49 - Le Cap Gros par le Puits de Cancel	2 h 40
50 - Le Belvédère et la Calanque de Sugiton	3 h 05
51 - La Calanque de Morgiou	2 h 15
52 - Le tour du Puget	3 h 30

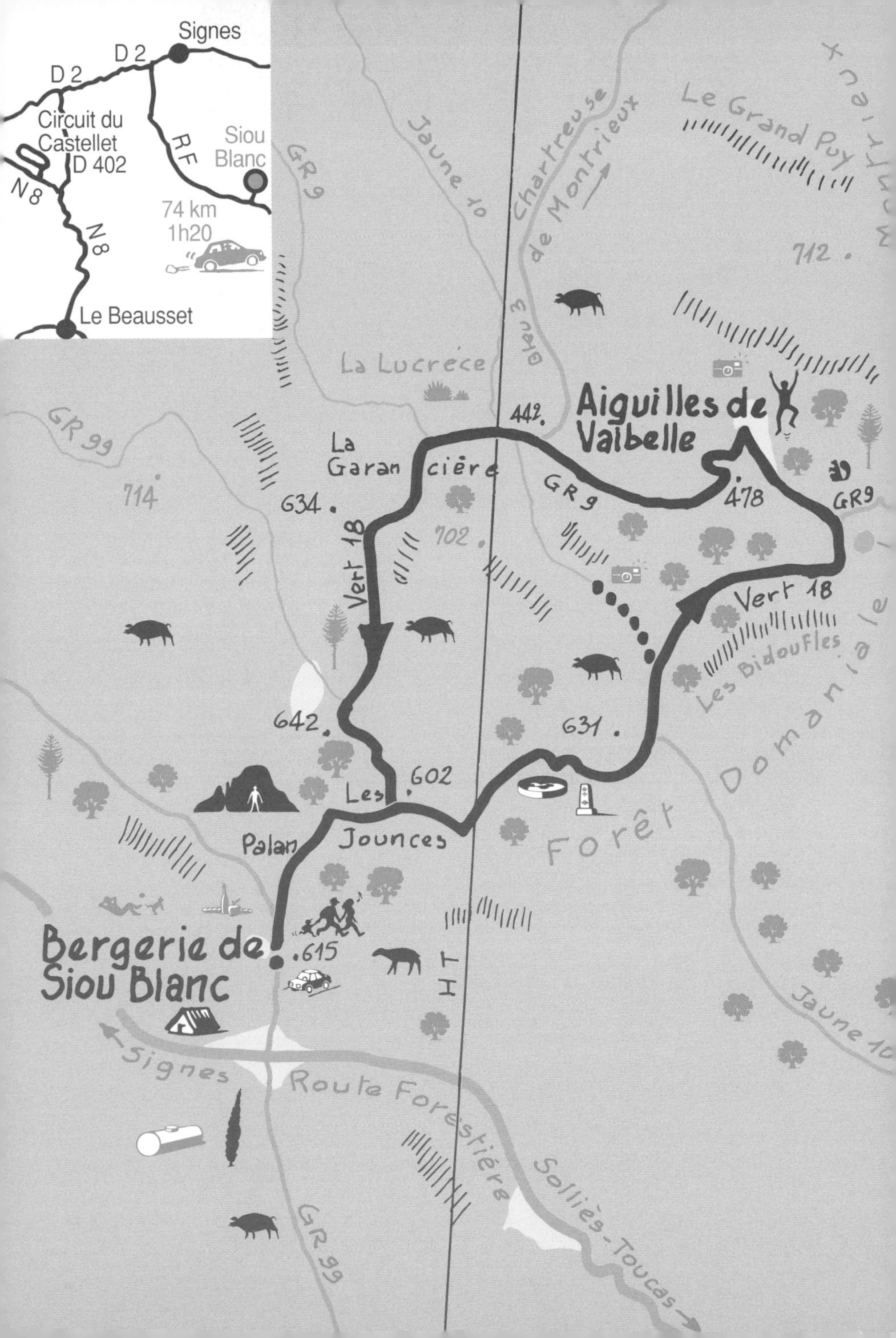
Signes
D 2
D 2
Circuit du Castellet
D 402
N 8
N 8
RF
Siou Blanc
74 km
1h20
Le Beausset
GR 9
Jaune 10
Chartreuse de Montrieux
Le Grand Puy
712
Bleu 3
La Lucrèce
442
Aiguilles de Valbelle
GR 99
714
La Garancière
634
Vert 18
702
GR 9
478
GR 9
Vert 18
Les Bidoufles
642
631
Les Palan
602
Jounces
Forêt Domaniale
Bergerie de Siou Blanc
615
HT
Jaune 10
Signes
Route Forestière
GR 99
Solliès-Toucas

40 - Les Aiguilles de Valbelle

Bergerie de Siou Blanc - 615 m	442 m - 173 m
2h30	GR 99, Vert 18

Non loin à vol d'oiseau de la Chartreuse de Montrieux, dans un site de calme et de paix, la forêt de Morières nous offre ici un merveilleux vallon. En effet, émergeant d'un peuplement très dense de chênes verts, quelques belles aiguilles rocheuses élancées ou massives constituent un saisissant spectacle. Avant même d'atteindre le Saint des Saints -La Porte de Valbelle- le premier virage du chemin où elles apparaissent donne déjà une vue impressionnante.
A Signes : restaurants, café, quelques commerces.

De la bifurcation D2/route forestière goudronnée à la Bergerie de Siou Blanc : 11,8 km. Après une zone de virages on domine une dépression où la route présente une longue ligne droite. A moitié environ de cette ligne on a parcouru 11,4 km. Faute de panneau, un grand cyprès conique isolé sert de repère. Tourner à gauche : pré et parking de la Bergerie sont à 400 m.

Vous êtes sur le GR 99. Partir direction Nord ; un large chemin débute avant une barrière de feu attenante à l'aven de Palan. Aux Jounces, le GR vire à gauche : inscription à droite indiquant vert 18 que l'on suit désormais ; citerne du Gouvernement et stèle des Maquisards parmi de jeunes chênes blancs. On longe, à gauche, une aire de plantation de résineux. Vert 18 et jaune 10 ont un bref itinéraire commun (lorsque jaune 10 tourne à gauche, on peut en sus de l'horaire -20 mn aller-retour- le suivre pour accéder à quelques rochers dominant les Aiguilles). Descente agréable sous bois jusqu'au lagharo (lac collinaire) et au célèbre arbre à la Plaque Incrustée où l'on atteint le GR 9. L'emprunter à gauche ; après quelques lacets sur une large voie, c'est la Porte, puis les belles Aiguilles de Valbelle : site très vert, arbres enguirlandés de lierre agréable à la vue, néfaste au "porteur" (1h05).
Laisser à droite bleu 3 ; continuer sur GR 9, qui devient sentier étroit, sans se préoccuper de jaune 10 que l'on suit quelques instants. On retrouve à gauche le vert 18. Montée raide dans les bois de la Garancière sur sentier glissant par temps de pluie. Après un itinéraire commun à vert 18 et GR 99 jusqu'aux Jounces, suivre le GR comme à l'aller, jusqu'à la Bergerie (2h30).

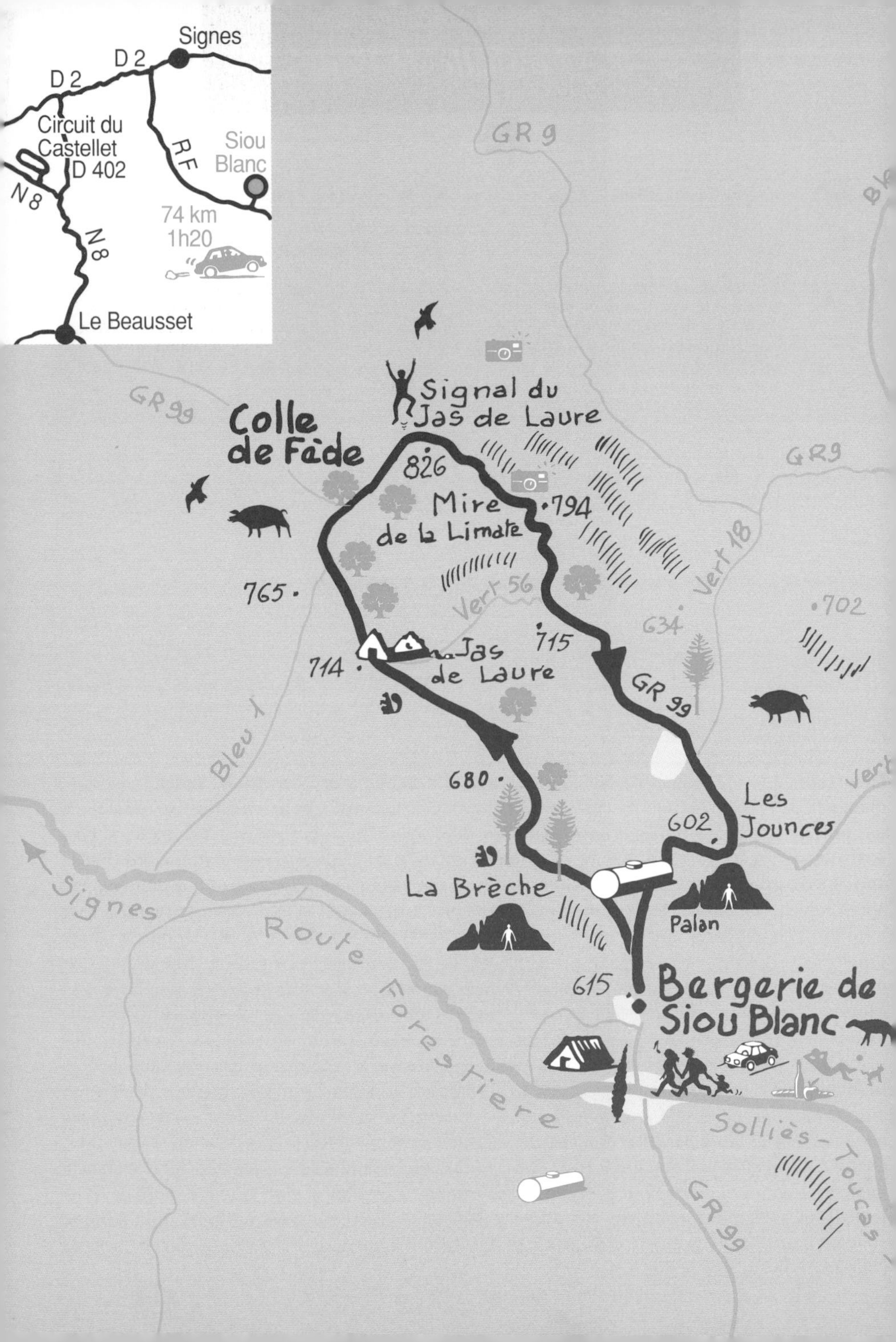
Signes
D 2
D 2
Circuit du Castellet
D 402
N 8
N 8
RF
Siou Blanc
74 km
1h20
Le Beausset
GR 9
GR 99
Colle de Fède
Signal du Jas de Laure
826
Mire de la Limate
794
765
Vert 56
Vert 18
634
702
715
714
Jas de Laure
GR 99
Bleu 1
680
Les Jounces
602
La Brèche
Palan
Signes
Route Forestière
615
Bergerie de Siou Blanc
Solliès-Toucas
GR 99

41 - La Colle de Fède

Bergerie de Siou Blanc - 615 m — 826 m - 211 m

2h50 — Vert 56, GR 99

Dans ce massif sauvage et curieux, la Colle de Fède ou colline des Brebis n'a plus vu de moutons depuis bien des lustres... Elle est en effet revêtue d'un épais manteau de verdure parmi blocs et dalles calcaires. Mais c'est surtout sa crête qui nous intéresse car elle révèle au Signal du Jas de Laure et principalement à la Mire de la Limate, un fabuleux panorama.

Accès routier : voir balade n° 40.

On est sur le GR 99. Partir au Nord. Au bout de 250 m environ à hauteur d'une citerne verte, quitter le GR et s'infléchir à gauche. Suivre la RDF (barrière) large et caillouteuse qui débute ici. Montée agréable : pins maritimes, pins d'Alep, chênes verts, aven de la Brèche à gauche. Arrivée aux ruines du Jas de Laure. Suivre désormais le sentier vert 56 direction Nord (balise verte bien visible à l'angle du Jas). On monte sous une voûte de verdure jusqu'à la crête où peu après arrive de gauche le sentier bleu qui chemine un moment avec le vert jusqu'à leur terminus commun (repères au sol et sur un arbre). On retrouve alors le GR 99 qu'on suivra jusqu'à la fin de la balade. Monter à droite parmi de grands blocs calcaires. La crête de la Colle de Fède est atteinte au signal du Jas de Laure : borne géodésique, belle vue sur Sainte Baume et Mourre d'Agnis (1h10). Poursuivre vers l'Est en retrait de la crête. Le sentier descend puis traverse une immense dalle calcaire aux nombreuses ciselures et exposée au Sud : un solarium ! C'est la Mire de la Limate. Vue remarquable : au Nord-Est, aiguilles et plateau de Valbelle, Pas de Belgentier ; au Nord, montagne de la Loube et à l'horizon les sommets proches de Digne ; au Sud, la mer, les Embiez, le cap Sicié, le Mont Caume. Descente rapide avec quelques ressauts. Vue plongeante sur les aiguilles émergeant de la verdure. Abri sous roche à droite. Le chemin s'élargit et laisse à droite le vert 56. Le paysage change : grands chênes blancs, quelques genêts. Le chemin s'améliore et devient plat ; il reçoit de la gauche le vert 18. Plus loin il devient sentier avant de retrouver aux Jounces (2h35) une voie large au milieu d'une zone de blocs, de diaclases et d'avens. Barrière de feu, aven de Palan à droite, arrivée dans la clairière de Siou Blanc (2h50).

Signes
D 2
D 2
Circuit du Castellet
D 402
RF
Le Camp
N8
N8
74 km
1h15
La Lébrière
A 50
D 559
Le Beausset
.673
Solliés-Toucas
Bleu 1
667
Eléphan
dePierr
647
Abîme des Morts
La Lébrière
.629
N
E
S
HT
Forestière
Bleu 1
Les Cuillerets
.580
524
641
La Quille de Midi
.466
Les Faïsses de Montrieux
.580
Jaune 7
.527
603.
.623
Route
La Mare Caïre
Planie
587
Vert 36
.551
Signes
La Daumasse
588
.491
Jaune 7
.456
Bleu 1
Bleu 1
Abîme de Maramoye

42 - L'Abîme de Maramoye et l'Eléphant de Pierre

Clairière au bout de 9,1 km sur la route forestière - 647 m

476 m - 171 m

minimum : 2h45 - maximum : 3h20

Bleu 1, Vert 36, divers

Nous allons découvrir plusieurs aspects du massif de Siou Blanc (environ 300 km^2) très sauvage et à peu près dépourvu de cultures et d'habitations. Massif calcaire au relief karstique, nous y verrons :

deux "échantillons" des quelques 80 avens, gouffres (en provençal : ragages), sans parler des grottes, de la région : l'abîme de Maramoye, l'un des plus profonds et l'abîme des Morts plus modeste.

un énorme rocher ruiniforme de 5 m de haut, l'Eléphant de Pierre, émergeant d'une garrigue truffée de blocs et de "galettes" calcaires.
A Signes : restaurants, café, quelques commerces. Sur la route forestière : ferme-auberge de la Daumasse.

Parcourir 9,1 km environ entre la bifurcation D2/route forestière goudronnée et la Lébrière. Aucun panneau ; à droite, petite clairière : s'y garer.

Le tracé bleu 1, venant de l'autre côté de la route, est bien net : bande métallique "bleu 1" sur un arbre et marques peintes sur d'autres ; on le suivra désormais jusqu'à l'abîme. Parmi pins et genêts, le sentier d'abord large, se rétrécit. Il descend en lacet dans la garrigue. Sur un rocher, un rectangle vert, entourant une lettre B jaune, ne vous concerne pas. Vallon agréable ; le chemin s'élargit et rencontre jaune 7 qui accompagne le bleu sur quelques dizaines de mètres. La large voie venant des Sambles est atteinte : la prendre à droite. Vieux balisages jaunes à délaisser. Petite rampe avant d'arriver à un carrefour d'où part vert 36. Progresser à gauche sur bleu 1. Peu après, toujours à gauche, les grands arbres disparaissent ; puis, un alignement de blocs de rochers, sans aucune inscription, indique la proximité de l'Abîme de Maramoye, situé à 50 m environ à gauche du chemin (*ni entourage, ni barrière, prudence !*) 1h20.
Revenir au carrefour bleu 1/vert 36. Emprunter vert 36 sur la route de gauche. Montée progressive ; panneaux de chasse gardée sur les côtés. Parvenu sur le plateau, longer les clôtures de la Daumasse et passer sous la ligne électrique. Rencontre, pour la deuxième fois, de jaune 7 traversant l'itinéraire. Arrivée sur la route forestière aux Faïsses de Montrieux, terminus du vert 36. S'engager à droite sur la route forestière : parcours en légère montée dans une zone boisée ; à mi-distance à droite, clairière des Cuillerets. Au bout de 2,5 km, on arrive à la voiture (2h45).

La balade peut se terminer là, mais en 35 mn aller-retour, vous verrez encore deux sites : reprendre la route forestière à droite ; au bout de 50 m environ à droite (panneau de sécurité) vous surplombez l'Abîme des Morts. Continuer sur la route forestière 200 m environ. A droite un chemin débute, doublement balisé : trait rouge grenat et flèches avec lettres SE orange. Suivre ce balisage qui, après une clairière, emprunte un sentier étroit s'achevant dans la garrigue et les blocs karstiques à l'Eléphant de Pierre. Balisages jaunes à négliger. Retour comme à l'aller (3h20).

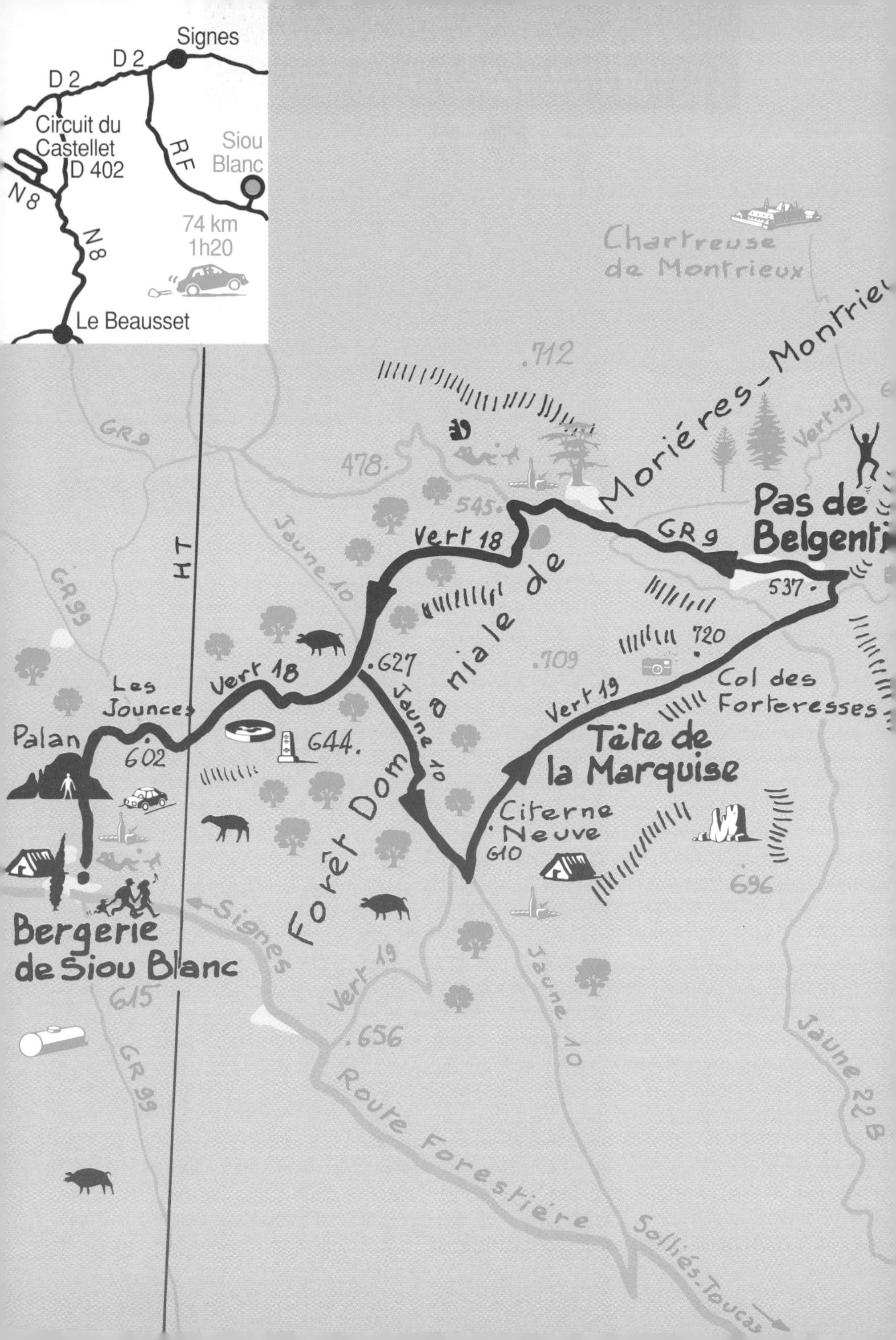

Signes
D 2
D 2
Circuit du Castellet
D 402
N 8
N 8
RF
Siou Blanc
74 km
1h20
Le Beausset
Chartreuse de Montrieux
Moriéres - Montrieu
.712
GR 9
478.
545.
Vert 18
GR 9
Pas de Belgenti
537.
Vert 19
HT
Jaune 10
GR 99
Forêt Domaniale de
.627
Jaune 10
720
.709
Col des Forteresses
Vert 19
Les Jounces
Vert 18
Palan
602
644.
Tête de la Marquise
Citerne Neuve
610
696
Bergerie de Siou Blanc
Signes
Vert 19
Jaune 10
615
.656
GR 99
Jaune 22B
Route Forestière
Solliès-Toucas

43 - La Tête de la Marquise et le Pas de Belgentier

Bergerie de Siou Blanc - 615 m — 720 m - 212 m

2h00 — 1h40 — GR 99, Vert 18, Jaune 10, Vert 19, Jaune 22, GR 9

La quasi totalité du parcours se déroule dans la belle forêt domaniale de Morières-Montrieux, la plus vaste du massif. Son charme vous invite au silence et, du reste, des panneaux vous incitent dans ce sens. Essences rencontrées : toutes les variétés de chênes (blancs ou pubescents, verts, kermès, etc.), pins d'Alep et maritimes.

Il y a des sangliers, mais leurs horaires diffèrent de ceux des baladeurs... Le plus beau rocher ruiniforme rencontré est la Tête de la Marquise fort harmonieuse malgré la masse.

Le Pas de Belgentier offre un bon point de vue vers les barres de Cuers, le Pilon Saint Clément...
Les différents sentiers balisés que vous rencontrerez, sont l'œuvre des Excursionnistes Toulonnais qui, depuis 1926, continuent de les entretenir bénévolement ; bravo les E.T. !

Accès routier : voir balade n° 40.

Vous êtes sur GR 99. Partir direction Nord ; un large chemin débute avant une barrière de feu attenante à l'aven du Palan à gauche. Aux Jounces, le GR vire à gauche : inscription à droite indiquant vert 18 ; le suivre. Citerne du Gouvernement et stèle des Maquisards parmi les chênes blancs. Après une aire de plantation de résineux, tourner à droite sur un chemin emprunté par jaune 10. Ne pas tenir compte de balises orange ou bleu clair (équestre) ; voie rectiligne parmi les chênes, marques forestières nombreuses (chiffres blancs, fond vert). On atteint le carrefour (1h00) avec vert 19 qui, venant de droite, chemine 50 m environ avec jaune 10. Tourner à gauche sur vert 19. Arrivée rapide à Citerne Neuve (abri possible dans cette ex-bergerie). Vert 19 continue sur sentier montant et rocailleux. Sur la gauche une inscription "Photo" indique que l'on se trouve à quelques dizaines de mètres de la Tête de la Marquise, à droite. Accès difficile et déconseillé. On la voit cependant assez bien en se haussant au-dessus de l'inscription. Plus haut à droite, pointillés jaunes pour aller au gouffre de l'Enfer.
Poursuivre la montée parmi les chênes verts. Au col des Forteresses, un pointillé vert, à gauche, conduit vers un rocher dominant les sommets Sud du massif. Descente rapide jusqu'au minuscule lagharo (lac collinaire) au pied d'un curieux pont naturel. Abandonner à gauche le vert 19. Suivre le large chemin descendant, jaune 22, jusqu'au Pas de Belgentier. Panneau E.T. Panorama derrière les chênes à droite (2h10).
Prendre le GR 9 vers l'Ouest à travers le plateau de Valbelle vert et reposant. Après avoir atteint l'arbre à la plaque incrustée, quitter le GR 9 ; tourner à gauche contre un second lagharo. Vous êtes sur vert 18 ; montée sur un large chemin ; parvenu sur un petit plateau, on retrouve jaune 10 qui chemine un instant avec vert 18. Rester sur ce dernier et rentrer au bercail par le chemin de l'aller (3h40).

A 50
54 km
1h00
Aubagne
Cuges
N 8
D 1
Roquefort
D 3d
D 3
La Bédoule
Le
Grand
Caunet
N8
217
Col
de l'An
GR 98
.248
la Bédoule
D1
D 3
Centre
Equestre
.461
297
GR 98
Forêt de Font-Blanc
.551
520
Font-Blanche
564
GR 98
Le Cabanon
du Marquis
.429
.423
GR 51
482
Centre
Equest
377 .
394
Vallon du pelengarri
.319
Le
Gran
Caun
Mauregard
.343
D 3
148 .
Ceyreste

44 - Le Cabanon du Marquis

Aire de pique-nique avant le carrefour du Grand Caunet - 393 m

520 m - 127 m

1h00

0h50

GR 51, GR 98

Chênaies, pinèdes, chemin "jeepable" très large, dénivelée quasiment nulle, et au bout du compte, un très beau panorama. Balade facile que bébé peut faire dans le sac à dos et où les grands peuvent s'entraîner au VTT...

Le Cabanon du Marquis de Villeneuve ! Ce modeste bâtiment, né sans doute avec le siècle, est un abri de chasseurs et de randonneurs. Il peut recevoir une dizaine de personnes pour la pause repas. On veillera bien sûr, à sa propreté et à sa sauvegarde.
Commerces à Cuges et Ceyreste.

Sortir de l'A50 à La Bédoule ; prendre la D1 direction Cuges, puis la D3D (venant du col de l'Ange) à droite. Quelques kilomètres après, vous abordez le Grand Caunet, à la fois hameau et carrefour avec la D3 ; 100 m environ avant ce carrefour tournez à droite : vous arrivez au parking de l'une des aires de pique-nique de Fontblanche aménagée par le Conseil Général.

Vous êtes sur le GR 51 appelé "Sentier du Littoral". Il emprunte la RDF longeant à gauche un long mur de clôture crépi. Barrière de feu à franchir. Les balises sont peu nombreuses, mais la large RDF est évidente plein Ouest. Ne pas tenir compte de quelques jalons bleus, grenat et verts ; les grands rectangles blancs barrés de rouge en leur milieu sont des marques forestières ; ne pas confondre !
Abordez la 1ère citerne (n° 23) à gauche. Après une petite montée, un autre GR, le 98, apparaît à droite venant du sommet de Fontblanche. Ces deux GR ont un parcours commun jusqu'à... Marseille, le 98 supplantant le 51. Dans une dépression, on double à droite une 2ème citerne, dite du Marquis, n° 63. Dernière montée ; on atteint le plateau, le Cabanon du Marquis, la pinède attenante et un vaste panorama : les Embiez, la baie de la Ciotat, le Bec de l'Aigle flanqué des Trois Secs, l'Ile Verte, les falaises Soubeyrannes, la Grande Candelle et le Mont Puget au-dessus des Calanques, la chaîne de Saint Cyr-Carpiagne, le Garlaban. Enfin, vu d'ici, le Baou de Bertagne, proue du navire Sainte Baume, est impressionnant de verticalité (1h00).
Retour au Grand Caunet par le même chemin (1h50).

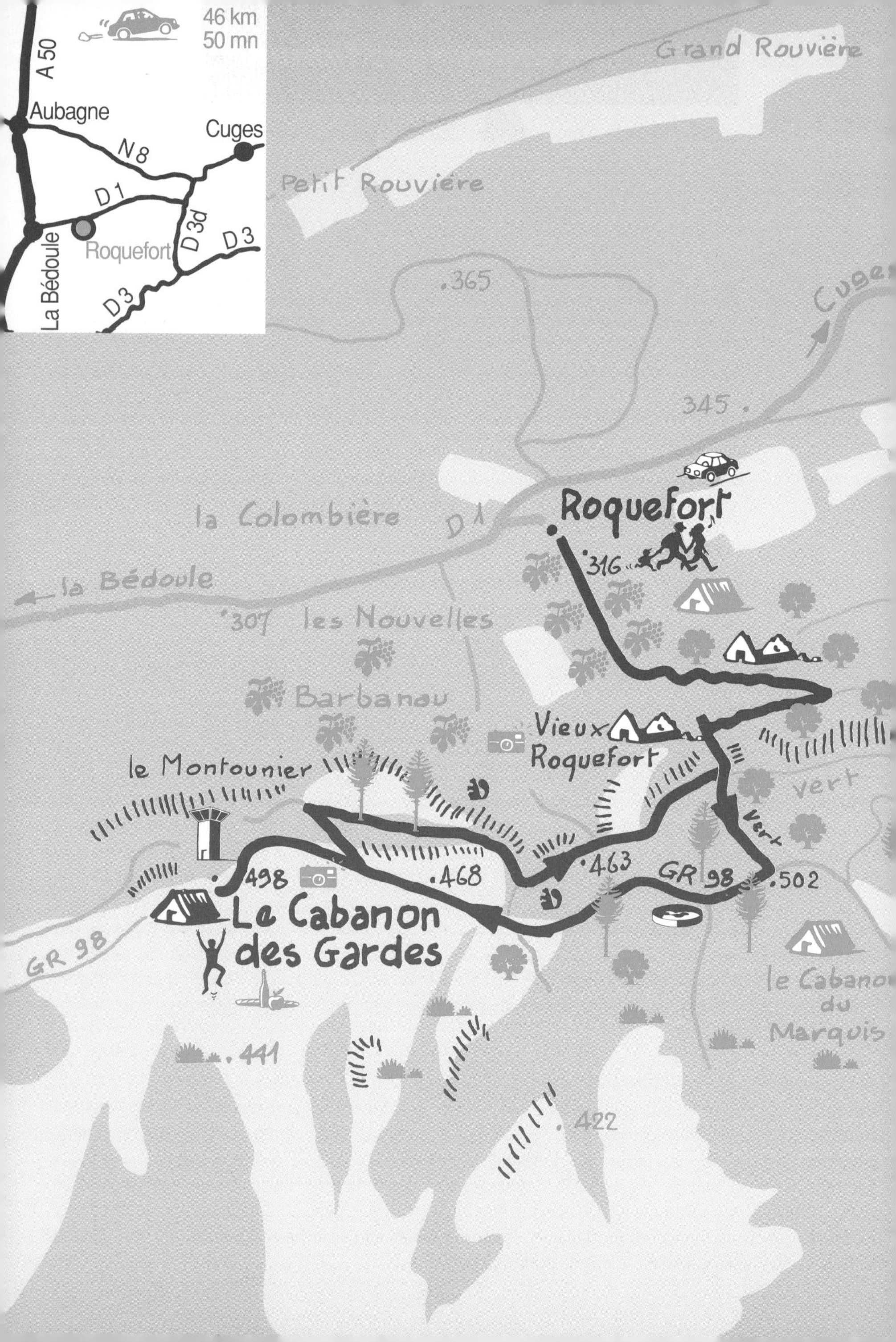
46 km
50 mn
A 50
Aubagne
Cuges
N8
D1
D 3d
D 3
D3
La Bédoule
Roquefort
Grand Rouvière
Petit Rouvière
.365
Cuges
345 .
Roquefort
la Colombière
D 1
la Bédoule
.316
.307
les Nouvelles
Barbanau
Vieux
Roquefort
le Montounier
vert
Vert
.463
GR 98
.502
.498
.468
La Cabanon
des Gardes
GR 98
le Cabanon
du
Marquis
.441
. 422

45 - Le Cabanon des Gardes

Place de l'église de Roquefort - 316 m

502 m - 186 m

1h15

1h05

Vert, GR 98 (rouge-blanc) partiellement

Le Hameau de Roquefort est rattaché à l'agglomération de La Bédoule, formant ainsi la commune de Roquefort-la-Bédoule. Au-dessus des vignes et des falaises de calcaire gris, enchassées dans la verdure, nous rencontrerons des ruines du XIVe, successivement : village, chapelle du château et château... Parvenus sur les crêtes, au-dessus du Cabanon des Gardes, un vaste panorama vous attend !

Quitter l'A50 à La Bédoule (sans péage). Depuis le centre de La Bédoule (mairie) parcourir 2,7 km environ sur la D1, direction Roquefort et Cuges. Peu après le panneau routier "Roquefort", quitter la D1 sur la droite. Vous atteignez une petite place paisible : garez-vous.

A l'opposé de l'église, emprunter la route goudronnée devenant chemin de terre parmi les vignes. Parvenu entre pinède et chênaie, obliquer à gauche sur un sentier qui monte agréablement sous une voûte de chênes verts. Franchir une brèche dans les ruines d'un mur d'enceinte dégradé. Laisser un sentier descendre à gauche. Longer les maisons ruinées enfouies sous la végétation. Laisser à gauche un autre sentier descendant, à hauteur de l'épingle. Poursuivre et franchir un 2ème passage dans le mur : montée raide à droite. Longer la chapelle, puis quelques pans de murs du château édifiés sur le roc. A la crête, restes d'un petit campanile récent. Point de vue sur l'actuel château de Roquefort, la Sainte Baume, le Garlaban...
Redescendre au 2ème passage sans le franchir. Longer le mur sur la gauche jusqu'à une courte cheminée : escaliers et ressauts faciles. En émergeant sur un petit plateau, s'avancer tout droit parmi genêts et garrigue. Rencontre d'un tracé vert montant de gauche et qui tourne à gauche : l'emprunter droit devant. Sentier facile accédant à un autre plateau où la végétation s'accroît (ici, ignorer le balisage orange). Le chemin s'élargit direction Sud ; aboutir sur la RDF ; cairn au pied d'un arbre ; abandonner le vert qui vire à gauche (0h45).
Vous êtes sur le GR 98 ; le suivre à droite ; balisage rare mais parcours évident sur cette large route de crête. On parvient à la Tour de Guet (vue sur le massif des Calanques, le Baou de Bertagne, la baie de la Ciotat...) et, 200 m plus bas, au Cabanon des Gardes (1h15).
Retourner sur le GR 98 jusqu'au carrefour des RDF A1/F51 (borne peu lisible). Descendre sur la route de gauche sur 400 m environ ; brusque épingle à droite, le long d'une jeune pinède. Chemin non balisé se rétrécissant au pied des falaises. Délaisser un petit sentier à droite, puis un chemin large descendant à gauche. Montée en lacet sur cailloutis ou dalles. La sente atteint un palier offrant un très beau point de vue sur le vignoble, Garlaban, Bertagne... Atteindre le carrefour où l'on a rencontré le vert ; bifurquer à gauche : on se retrouve ainsi sur le parcours de l'aller qu'on suivra en sens inverse (2h20).

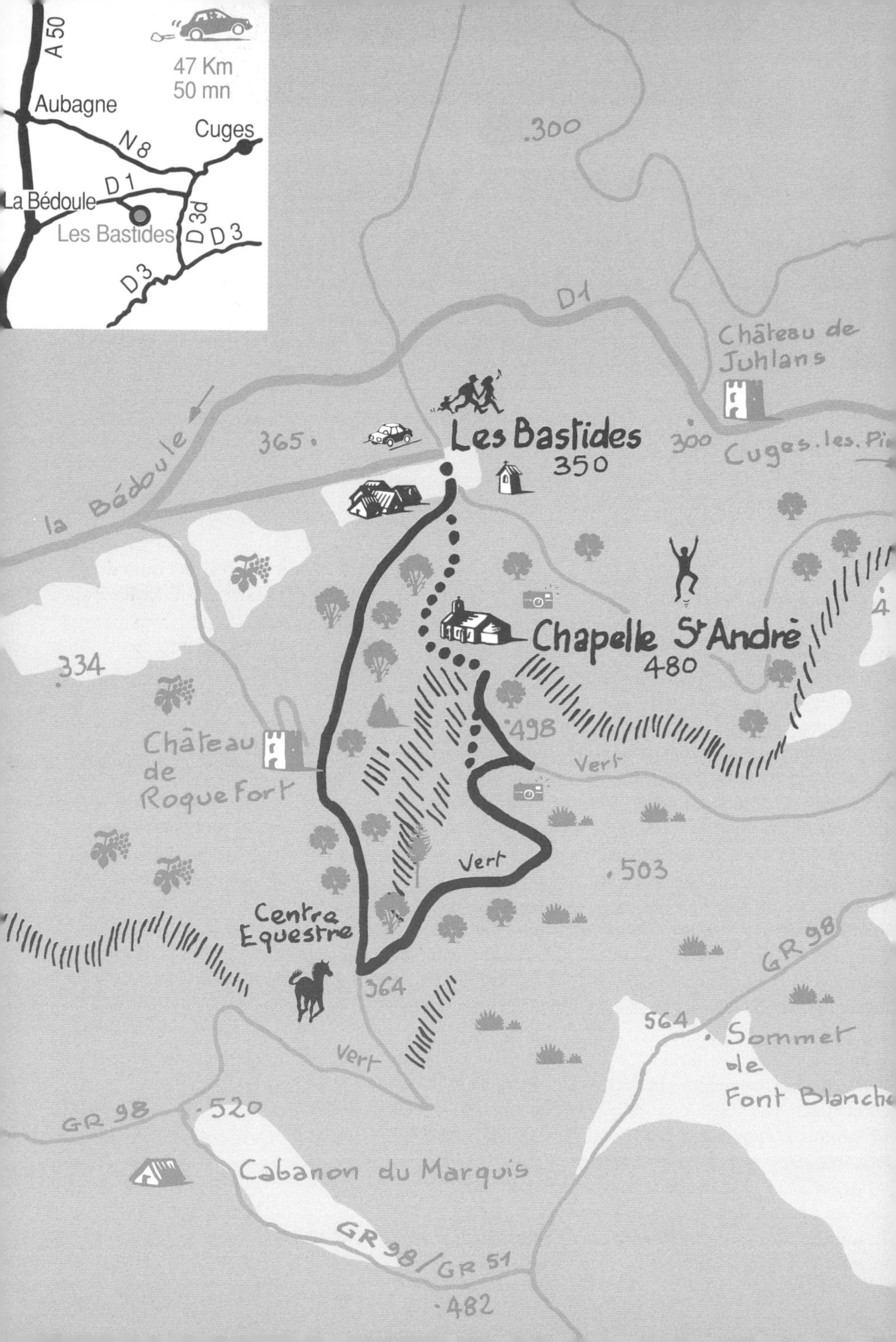

A 50
47 Km
50 mn
Aubagne
Cuges
N 8
D 1
La Bédoule
Les Bastides
D 3d
D 3
D 3
.300
D1
Château de
Juhlans
365
Les Bastides
350
300
Cuges.les.Pi
la Bédoule
Chapelle St André
480
334
Château
de
RoqueFort
498
Vert
.503
Vert
Centre
Equestre
364
GR 98
564
Sommet
de
Font Blanche
Vert
GR 98
.520
Cabanon du Marquis
GR 98/GR 51
.482

46 - La Chapelle Saint André

Hameau des Bastides - 350 m

480 m - 130 m

A : 1h00 B : 0h45 0h35 Vert partiellement

Cette chapelle, appelée aussi Notre Dame de Sécheresse, est le seul bâtiment subsistant d'un castrum (site défensif) au-dessus des falaises de Roquefort. Elle date, non pas du XIIe (panneaux) mais du milieu du XIIIe. Les "Amis de la Chapelle Saint André" la restaurent depuis 1986. On remarquera l'abside en cul-de-four, les murs de 1,10 m d'épaisseur, les fenêtres-meurtrières, la masse énorme de la toiture, l'appareillage des façades...

Second intérêt du site : l'étonnant panorama offert par ce haut lieu...à l'altitude bien modérée (480 m).

La balade se situe sur la commune de Roquefort-la-Bédoule. Quitter l'A50 à la sortie La Bédoule. Depuis le centre de cette petite ville (mairie) parcourir 4,5 km sur la D1, direction Roquefort-Cuges. A droite, panneaux "Les Bastides" et "Chapelle Saint André" : suivre cette route en cul-de-sac jusqu'au bout (800 m). Vous êtes au hameau des Bastides. Garez-vous.

A droite, débute la RDF A55. Franchir la barrière. Cheminer 300 à 400 m jusqu'à un oratoire. Ici, à droite 2 itinéraires possibles :
A) Montée rapide, balisage rouge, par un sentier en forte pente, terreux, parfois glissant au début, puis escarpé dans la facile cheminée finale avant la chapelle. *A déconseiller aux jeunes enfants* (0h25). Retour recommandé par l'itinéraire B.
B) Prendre plus à droite, proche du pylône, un "sentier-boyau" non balisé, mais évident, dans les argeiras. Alors que le sentier s'améliore, on domine un centre de poneys en progressant parmi chênes et pins. Deux épingles successives : rencontre sur un chemin plus large d'un balisage vert. Le prendre à gauche ; montée facile dans la garrigue jusqu'à un carrefour sur un replat marqué par un cairn. Vue remarquable sur la baie de l'Estaque et Marseille, la chaîne de Saint Cyr, le Garlaban, le Cruvelier d'où s'envolent parapentes et deltaplanes, la Sainte Baume, le massif des Calanques... et puis aussi sur les plaines viticoles de Roquefort et de Cuges les Pins si belles à l'automne (0h40).
Tourner à gauche sur un bref sentier de crête jalonné de petits cairns. Ce sentier descend par un lacet caillouteux vers un tertre sableux. La chapelle est en contrebas à droite derrière des chênes verts (0h45). Pour le retour, on peut écorner le parcours à angle droit utilisé depuis le grand cairn : pour cela, avancer vers le Sud, au bout du tertre sableux. Un petit sentier facile, très net, dominant les falaises, parvient au chemin large (balisage vert) emprunté à la montée. Redescendre par l'itinéraire de l'aller.
Aller-retour par itinéraire A : 1h00 ; par itinéraire B : 1h20.

Parvenus à l'oratoire, on peut aller (30 mètres) sur la RDF à droite voir les restes d'un four à chaux (XIXe).

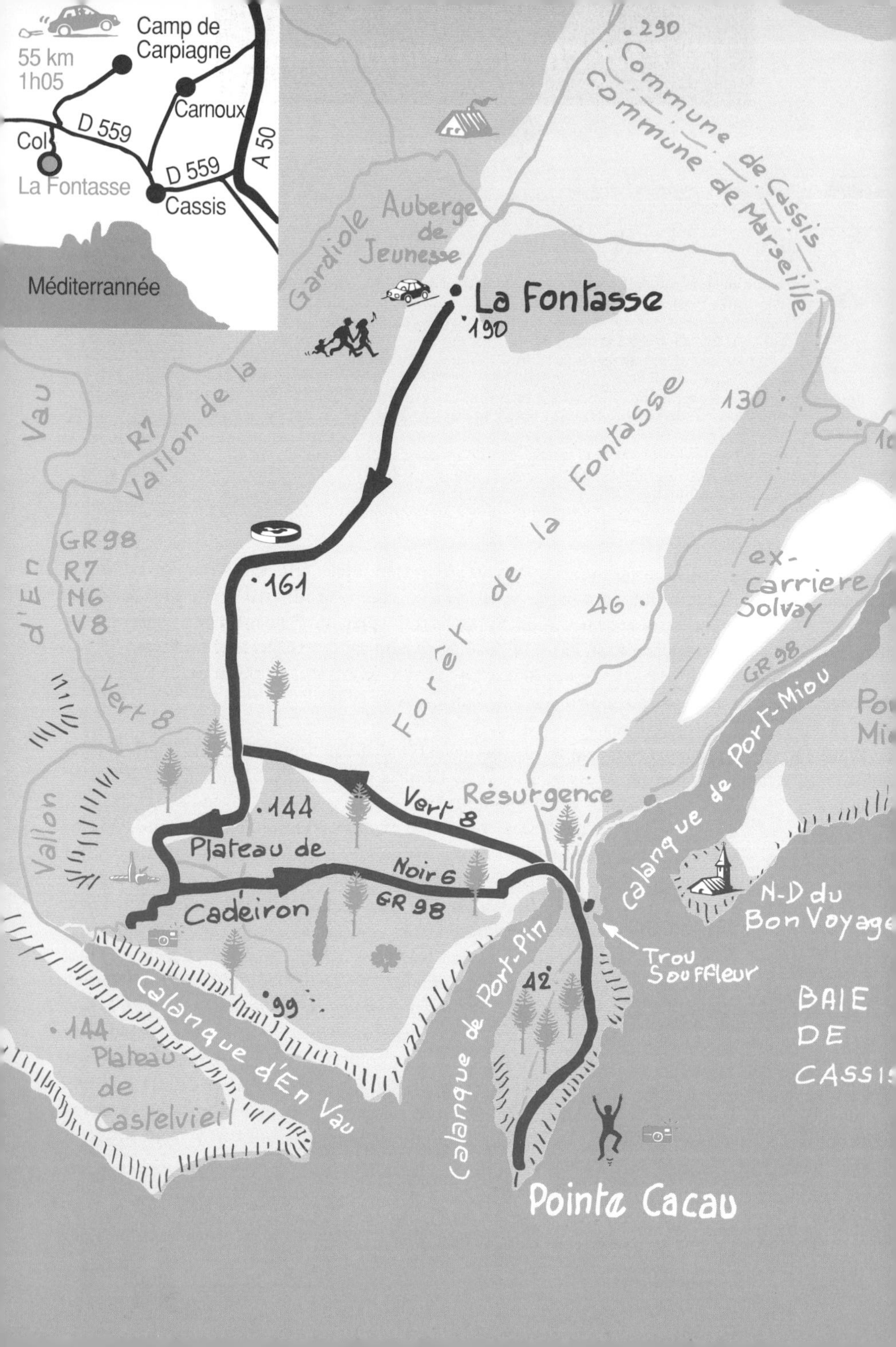

Camp de Carpiagne
55 km
1h05
Carnoux
D 559
Col
A 50
D 559
La Fontasse
Cassis
Méditerrannée
290
Commune de Cassis
Commune de Marseille
Auberge de Jeunesse
Gardiole
La Fontasse
190
Vallon de la
R7
Vau
d'En
Vallon
GR98
R7
N6
V8
Vert 8
130
ex-carrière Solvay
Forêt de la Fontasse
46
161
GR 98
Calanque de Port-Miou
Résurgence
144
Vert 8
Plateau de
Cadeiron
Noir 6
GR 98
N-D du Bon Voyage
Trou Souffleur
Calanque de Port-Pin
42
99
144
Plateau de Castelvieil
Calanque d'En Vau
BAIE DE CASSIS
Pointe Cacau

47 - Port-Pin et la Pointe Cacau

devant la BDF, 400 à 500 m après l'Auberge de Jeunesse

0 m - 220 m

1h30

1h15

GR 98 (rouge-blanc), Noir 6, Vert 8

La balade se déroule dans un territoire gravement endommagé par l'incendie d'août 90. Vous pourrez constater les efforts de reboisement, le plus souvent en feuillus.

La Calanque de Port Pin et la presqu'île de Cacau ont été sauvées du désastre. Port Pin, toujours "endormie sous la ramure des pins" vous accueillera presque comme avant. Le célèbre Trou Souffleur amusera petits et grands... La Pointe Cacau est une belle terrasse ombragée face au large. Port-Miou vous offrira la longue perspective de ses bateaux blancs... et, à l'aller, vous aurez aperçu En Vau, la perle des calanques (voir balade n° 48).

Le long de la route Gaston Rébuffat, vous verrez dans le vallon la stèle à la mémoire du célèbre guide qui, adolescent, découvrit dans les calanques son amour de la montagne et sa vocation d'alpiniste.

Quitter l'A50 à la sortie sans péage de Carnoux. Traverser cette ville direction Cassis sur la D41E. Au bout de cette route, prendre à droite la D559 direction Marseille et y parcourir 4,1 km, soit 300 m après la montée au camp militaire de Carpiagne. Prendre alors, à gauche, la direction "Maison Forestière de la Gardiole" ; vous êtes sur la route G.Rebuffat. Après 3,5 km délaisser le parking à droite ; continuer tout droit sur une RDF. 400 à 500 m après l'Auberge de Jeunesse de la Fontasse, garez-vous près de la barrière.

Après la barrière, continuer la RDF qui, seule sur un plateau dénudé, descend progressivement. Sur la droite, citerne DFCI ; à l'horizon Ouest, la Grande Candelle et le Candelon ; à l'Est, le Cap Canaille et les falaises Soubeyrannes, les plus hautes de France. Dans un large abaissement la route coupe le tracé vert 8, puis remonte pour atteindre le plateau de Cadeiron. Poursuivre jusqu'à la rencontre du sentier commun à GR 98 et noir 6. Se diriger à droite sur ce sentier pour dominer brusquement *(prudence !)* du haut des falaises la plage d'En Vau. Revenir en sens inverse direction Port Pin. Le double balisage est moins net, mais après des lacets caillouteux on aperçoit vite Port Pin (1h05). Traverser la plage (baignade possible). Terminus pour noir 6, GR 98 poursuivant vers Port Miou, Cassis. Remonter en biais rive gauche jusqu'à des dalles sans végétation où émerge le Trou Souffleur. La presqu'île de Cacau, longue d'à peine 600 m, est pourvue d'un balisage rouge orangé peu net qui en fait le tour ; il est conseillé de ne prendre que sa partie Est, aplanie au XIXe siècle par l'exploitation de la pierre de Cassis. A partir du Trou Souffleur, monter quelques mètres, s'orienter à gauche. Peu après, on domine la mer (vestiges de trémies par lesquelles la pierre extraite glissait dans les chalands). Sur la gauche, belles dalles propices à la "bronzette" ; enfin, après avoir contourné un ressaut rocheux, pinède et dalles marquent l'arrivée à la Pointe Cacau (1h30).

Au retour, peu avant le Trou Souffleur, belle vue sur le serpent de 1450 m qu'est Port Miou. Retourner à Port Pin par le même chemin. A gauche des murettes rustiques emprunter le vert 8. Il remonte le vallon et atteint la RDF de l'aller ; la prendre à droite jusqu'à la barrière (2h45).

53 km
55 mn
Camp de Carpiagne
D 41e
Carnoux
D 559
A 50
D 559
Col de la Gardiole
Cassis
Méditerrannée
Vert 7
Col de la Gardiole
262
Rouge 1
Forêt
O.N.F
210
domania
de la
Brun 6
Gardiole
Vallon des Rampes
Vallon d'En Vau
116
Noir 6
Vau
d'En
Rouge 1
Vallon de la Gardiole
Bleu 2
239
Br. 5
GR 98
Vert 8
Bleu 3
Br 5
Col de l'Oule
Puits de l'Oule
190
Vallon des Charbonniers
163
Plateau d'En Vau
Bleu 2
Falaises du Devenson
225
Plateau de Cadeiron
144
Belvédère d'en Vau
131
181
Calanque de l'Eissadon
Calanque de l'Oule
le Doigt de Dieu
144
Calanque d'En Vau
Plateau de Castelvieil

48 - Le Belvédère d'En Vau

Col de la Gardiole - 262 m

181 m - 211 m

1h20

1h20

Rouge 7, Brun 5, Bleu 2

Longue de 500 à 600 m et large de 70 au niveau de l'eau, En Vau, c'est à dire "dans le val", est à juste titre considérée comme la plus prestigieuse des calanques du massif. Ses flancs abrupts comblent d'aise l'escaladeur tandis que le promeneur doit se contenter de rester sur la plage de galets (bain possible !). Loin de déconseiller la descente à En Vau (on y accède tranquillement par le rouge 7, suivi dans son intégralité) nous préférons décrire un itinéraire qui, par un jeu de tracés faciles, conduit au Belvédère d'En Vau. Vous en ramènerez le souvenir inoubliable de vues saisissantes sur la calanque et sa voisine, celle de l'Oule, la brèche et le plateau de Castelviel...

Quitter l'A50 à la sortie sans péage de Carnoux. Traverser cette ville, direction Cassis sur la D41E. Au bout de cette route, tourner à droite sur la D559 direction Marseille ; y parcourir 4,1 km, soit 300 m après la montée au camp militaire de Carpiagne. Prendre à gauche la direction "Maison Forestière de la Gardiole" ; c'est la route "Gaston Rebuffat". Après 3,5 km, garez-vous sur le vaste parking caillouteux.

Se diriger vers la barrière métallique au Sud du parking : à sa droite, au sol, une plaque cimentée indique le départ du tracé rouge 7, direction En Vau. Descendre sur la route goudronnée ; lorsqu'elle atteint la Maison Forestière de Gardiole (panneau indiquant : En Vau/plage à 45 mn) tourner à droite le long de la clôture. A l'extrémité de celle-ci, plaque cimentée indiquant : En Vau, rouge 7 ; col de l'Oule, brun 5. Partir à droite sur brun 5 en suivant la large RDF qui, parvenue sur un petit plateau vous offre, face à la mer, la saignée d'En Vau entre deux masses calcaires. La voie atteint un long virage à droite bitumé (pour lutter contre le ravinement). Brun 5 quitte la RDF au fond du virage entre deux pins ; le suivre sur un sentier d'abord agréable, puis plus escarpé lorsqu'il retrouve la RDF dans le vallon (0h40).

S'engager à droite en direction du vallon des Rampes. Les marques brunes apparaissent, peu visibles, face à vous sur un vieux socle en béton à partir duquel vous comptez 17 pas : cairn. Grimper à gauche sur un sentier bien visible, bien balisé et doté de quelques escaliers (reboisement de feuillus). Arrivé sur un plateau, l'itinéraire atteint une RDF. La quitter un peu plus loin à gauche ; dès lors le col de l'Oule est en vue. Au col, citerne 243, indications au sol, vieux panneau CAF, prendre le bleu 2 qui part droit au Sud dans une montée. Belles vues sur l'Est des crêtes du Devenson. A l'extrémité d'un plateau où subsistent quelques pins, c'est le Belvédère.

Avancez-vous *prudemment* vers les bords de ce promontoire : la calanque d'En Vau apparaît dans toute sa splendeur avec ses eaux claires, ses falaises impressionnantes d'où se détache, sur la gauche, le pittoresque "Doigt de Dieu" ; en toile de fond, à l'Est, l'ocre des falaises Soubeyrannes, le Cap Canaille et le Bec de l'Aigle ; devant vous s'étale le plateau de Castelviel et, à l'Ouest, à vos pieds s'agitent les eaux de la calanque de l'Oule, "marmite" en provençal.

Retour par le même itinéraire (2h40).

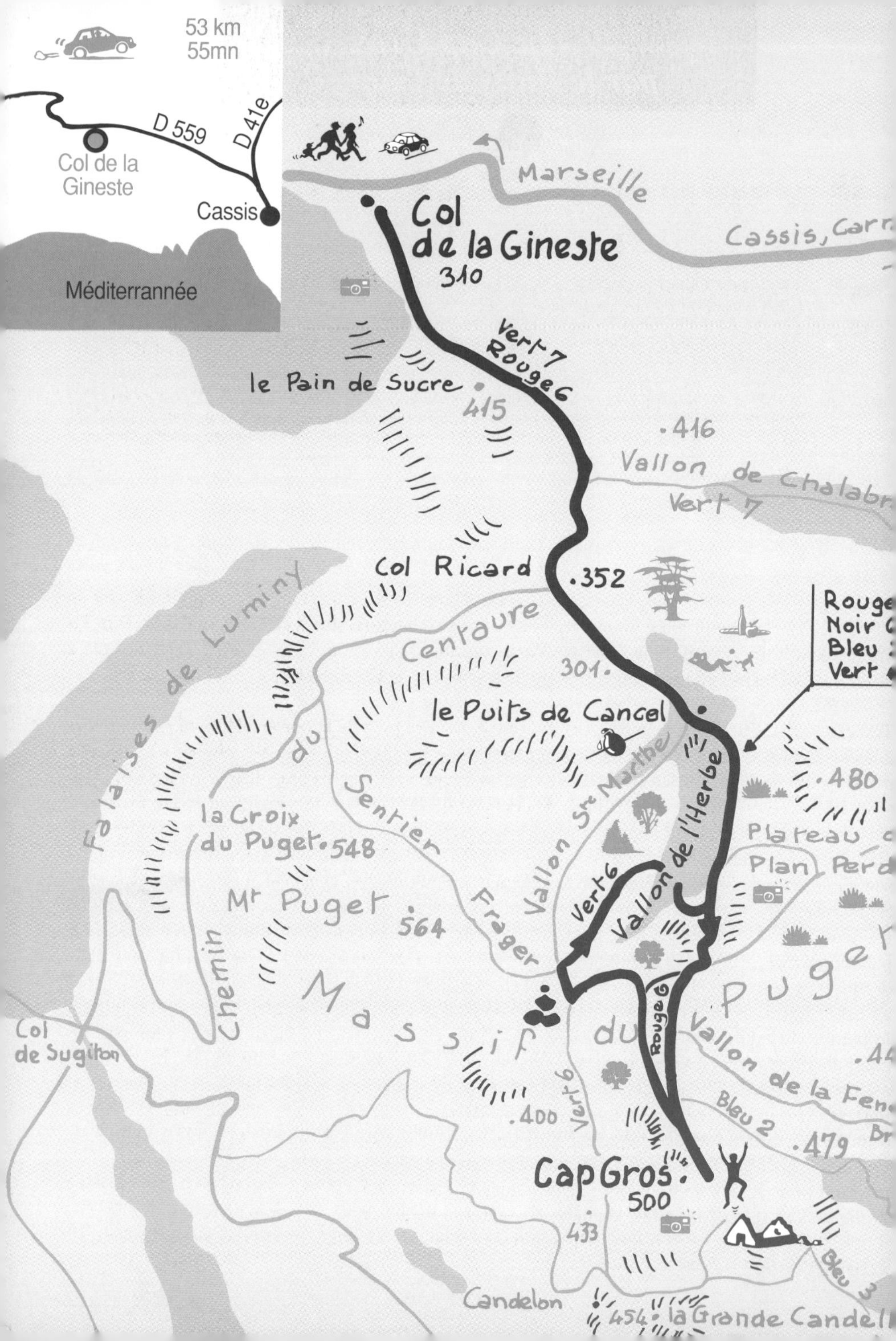

53 km
55mn
D 559
D 41e
Col de la Gineste
Cassis
Méditerranée
Marseille
Cassis, Carr
Col de la Gineste
310
Vert 7
Rouge 6
le Pain de Sucre
415
.416
Vallon de Chalabr
Vert 7
Col Ricard
.352
Rouge
Noir
Bleu
Vert
Falaises de Luminy
Centaure
301.
le Puits de Cancel
Vallon Ste Marthe
Vallon de l'Herbe
.480
Plateau
Plan Perd
Sentier du Frager
la Croix du Puget.548
Mt Puget
.564
Vert 6
Chemin
Massif du Puget
Rouge 6
Vallon de la Fen
Col de Sugiton
Vert 6
.400
Bleu 2
.479
Cap Gros
500
433
Bleu 3
Candelon
454
la Grande Candel

49 - Le Cap Gros par le Puits de Cancel

Col de la Gineste - 310 m — 500 m - 400 m

1h25 — 1h15 — Rouge 6, Vert 6, Jaune

Le Cap Gros n'est pas un cap au sens usuel du mot, mais un remarquable belvédère qui, par son altitude et sa situation géographique, offre une vue d'ensemble sur le massif des Calanques et l'arrière-pays, du Garlaban au cap Sicié ; vers le large, vous reconnaîtrez à ses crêtes déchiquetées, si belles au soleil couchant, l'île de Riou, paradis éternel des mouettes et des rats...

L'itinéraire choisi, d'ailleurs classique, est intéressant par la variété des sites qu'il traverse : après le Pain de Sucre calcaire et pelé, vous apprécierez le site verdoyant et agréable du Puits de Cancel, miraculeusement sauvé du terrible incendie de 1990 ; verdure encore dans le vallon de l'Herbe auquel succèdent les crêtes dénudées de Puget...

Quitter l'A50 à la sortie sans péage de Carnoux. Traverser cette ville, direction Cassis, sur la D41E. Au bout de cette route, tourner à droite sur la D559, direction Marseille, et y parcourir 7,5 km environ jusqu'au col de la Gineste. Vaste parking à droite, au col même : 2 bons repères à droite : borne téléphonique orange et poste de secours de la Croix-Rouge.

Traverser la D559 très fréquentée ; par prudence, le faire près de la borne téléphonique. Circuler derrière la protection routière jusqu'à une barrière de feu. Celle-ci franchie, observer au sol une plaque cimentée, indicatrice des tracés vert 7 et rouge 6 ; les suivre sur leur parcours commun (soit 20 mn environ). Après le Pain de Sucre, vert diverge à gauche ; rester sur rouge 6 jusqu'à l'arrivée. Après le col Ricard, rejoindre une très large RDF qui descend à gauche (son élargissement a détruit le balisage). A proximité du fond du vallon obliquer à droite sur un petit sentier à flanc : le balisage réapparaît timidement et le Puits de Cancel est au fond du vallon.
S'engager à gauche de la paroi rocheuse sur un sentier caillouteux vers le vallon de l'Herbe ; trois autres balisages : vert 6, noir 6, bleu 2, partent de Cancel et divergeront peu à peu. Le parcours (tracé rouge) est légèrement escarpé dans les derniers lacets avant la crête : sur cette dernière le tracé rouge traverse la route qui vient de la Gardiole et devient un chemin sur agréable cailloutis. A droite, on aperçoit au loin les îles : Riou, la plus grande, avec ses satellites, le petit et le grand Congloué, puis l'île Plane ou Calseraigne et l'île de Jarre ; plus près en contrebas se dresse la Grande Candelle, site d'escalade renommé. Ayant rejoint la route, on atteint le but de la balade au puits et à l'abri Félix Roche en partie ruiné (1h25). Panorama immense : Garlaban, Mont Aurélien, Baou de Bertagne et crête de la Sainte Baume, plateau de Siou Blanc, Mont Caume et Mont Faron dominant Toulon, Cap Sicié ; plus près, la baie de Cassis et les falaises Soubeyrannes. Repartir sur la route empierrée jusqu'à la rencontre de marques jaunes (double trait), les suivre à gauche jusqu'à un nouveau double trait ; se diriger à droite vers un cairn en bordure du plateau ; on retrouve le vert 6 ; le prendre à droite. Par un bon sentier en pente douce, on rejoint le rouge 6 au vallon de l'Herbe. Dès lors, même itinéraire qu'à l'aller (2h40).

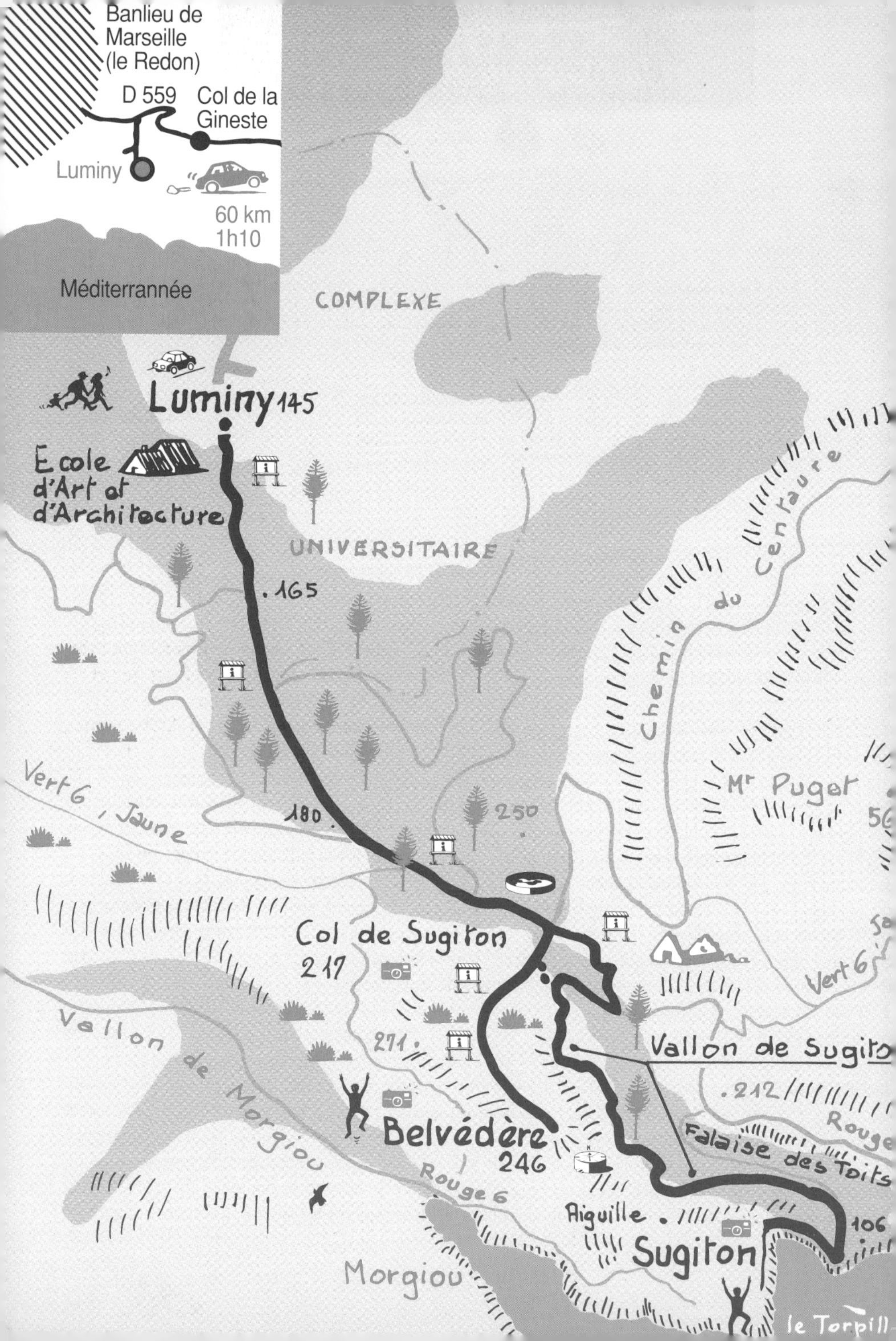

Banlieu de Marseille (le Redon)
D 559
Col de la Gineste
Luminy
60 km
1h10
Méditerrannée
COMPLEXE
UNIVERSITAIRE
Luminy 145
Ecole d'Art et d'Architecture
.165
Chemin du Centaure
Vert 6, Jaune
180.
250
Mt Puget
56
Col de Sugiton
217
Vert 6
Vallon de Morgiou
271.
Vallon de Sugiton
.212
Rouge
Falaise des Toits
Belvédère
246
Rouge 6
Aiguille.
Sugiton
106
Morgiou
le Torpill

50 - Le Belvédère et la Calanque de Sugiton

Parking avant l'Ecole d'Architecture - 145 m

246 m - 318 m

1h45

1h20

Pas de balisage particulier

Ancienne propriété privée acquise dans les années 60 en partie par la ville de Marseille (et en partie par l'Etat pour la création du complexe universitaire), le domaine de Luminy est aujourd'hui un parc public remarquablement entretenu ; on s'y efforce de réparer les dégâts des incendies par un reboisement intense et l'aménagement des routes de feu devenant ainsi d'agréables itinéraires de promenade.

Situé dans la partie centrale du massif des Calanques, le parc en est une porte facile d'accès et donc ... très fréquentée. Le chemin de Sugiton, devenu récemment un véritable sentier pédagogique, vous offre, dès son début, des panneaux d'information sur le site protégé, puis en bordure de la pinède, des plaques cimentées sur des blocs de pierre concernant l'historique du domaine, la botanique, la géologie.

Le Belvédère justifie amplement son nom, quant à la calanque de Sugiton et son célèbre Torpilleur, nous vous laissons les découvrir !

Quitter l'autoroute de Toulon A50 à la sortie sans péage de Carnoux. Traverser cette ville direction Cassis sur la D41E. Au bout de cette route, délaisser Cassis et tourner à droite sur la D559. Parcourir 12,5 km environ pour atteindre (5 km après le col de la Gineste) un rond-point routier : prendre alors à gauche la direction Luminy jusqu'au parking Ecole d'Architecture-Facultés (panneaux, itinéraire suivi par la ligne de bus n° 21).

Monter vers l'extrémité Sud du parking, passer devant l'Ecole d'Architecture, franchir la barrière métallique (panneaux concernant le site protégé des Calanques). Poursuivre sur le large chemin très fréquenté qui, après un agréable parcours dans la pinède, monte au col de Sugiton.
1 - Pour aller au Belvédère (visible depuis le col) : prendre la piste de droite ; elle conduit directement au pied des escaliers par lesquels on accède à la plate-forme finale entourée d'une balustrade ; vue splendide sur la mer, les îles ; à vos pieds, les calanques de Morgiou et de Sugiton ; vous dominant, le Puget, la Grande Candelle... Consultez la table d'orientation qui donne, en outre, le nom des vents locaux. Revenez au col (0h50).
2 - Pour aller à la calanque : au col s'avancer vers les rochers qui bordent le vallon de Sugiton ; on aperçoit alors la large piste qui serpente sur la rive gauche du vallon ; on la suivra jusqu'à sa fin. Pour la rejoindre, ou bien aller à son départ situé à 400 m environ sur le chemin à l'Est du col que suit le tracé vert ; on passe sous les ruines du "Jas" (plaque d'information sur la gauche). Ou bien, à partir des rochers du col, descendre en pente raide sur un sentier raviné jusqu'à la piste, cimentée dans cette partie.
Devenue chemin de terre, la piste longe la base de la falaise des Toits et aboutit à une esplanade. Poursuivre sur le sentier balisé en rouge qui longe la paroi, parvient à une crête (vue à l'Est sur la calanque des Pierres Tombées), puis obliquant à droite, descend progressivement jusqu'à la mer à travers la pinède (1h45 ou 1h35).
Retour par les mêmes itinéraires (3h05).

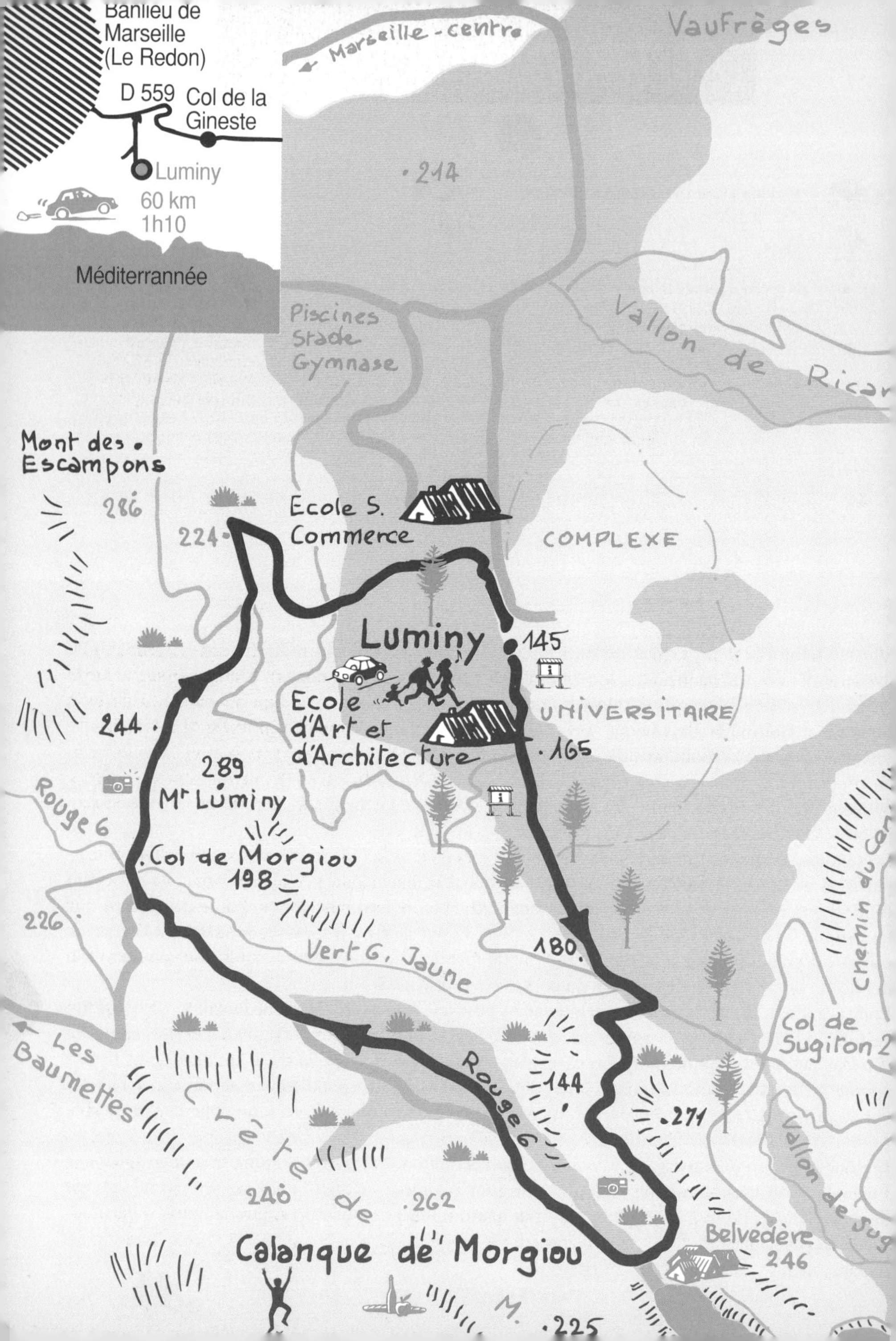

Banlieu de Marseille (Le Redon)
D 559
Col de la Gineste
Luminy
60 km
1h10
Méditerrannée
Marseille-centre
Vaufrèges
.214
Piscines
Stade
Gymnase
Vallon de Ricar
Mont des Escampons
286
224
Ecole S. Commerce
COMPLEXE
Luminy
145
UNIVERSITAIRE
Ecole d'Art et d'Architecture
.165
244
289
Mt Luminy
Rouge 6
Col de Morgiou
198
226
Vert 6, Jaune
180
Chemin du Car
Col de Sugiton
Les Baumettes
Rouge 6
144
.271
Crête de
240
.262
Vallon de Sug
Belvédère
246
Calanque de Morgiou
M.
.225

51 - La Calanque de Morgiou

Parking avant l'Ecole d'Architecture - 145 m

224 m - 259 m

2h15

Jaune, Vert, Rouge

Avec ses petites maisons blotties les unes contre les autres au fond du vallon, tout près de son petit port, Morgiou est un minuscule mais véritable village typique du bord de mer. Coincée entre les falaises abruptes de la rive droite et les escarpements boisés de la rive gauche qui rejoint Sugiton, la calanque garde un aspect sauvage original que l'itinéraire proposé vous permettra de découvrir progressivement. Le retour, après une paisible remontée de Morgiou, ménage, depuis le col du même nom jusqu'à la crête des Escampons, de beaux points de vue sur la baie de Marseille et se termine par une agréable descente sur les confortables chemins du domaine de Luminy.
Bar-restaurant et cabine téléphonique sur le port.

Accès routier : voir balade n° 50.

Monter vers l'extrémité Sud du parking, passer devant l'Ecole d'Architecture, franchir la barrière métallique (panneaux concernant le site protégé des Calanques). S'engager sur le large chemin très fréquenté qui conduit au col de Sugiton ; le suivre jusqu'au panneau de bois indiquant "Sugiton et Belvédère", peu après la 4ème plaque cimentée intitulée "La Garrigue". Prendre alors sur la droite le sentier balisé jaune et vert ; le suivre sur 150 m environ : un cairn au pied d'un poteau avec panneau métallique rouillé indique le début du sentier (ancien balisage jaune souvent peu visible) qu'on va suivre désormais sur la rive gauche du vallon jusqu'à Morgiou.
En légère descente au départ, puis quasi horizontal, il laisse à gauche un sentier d'accès aux parois d'escalade et parvient à une terrasse : vue remarquable sur la calanque. La descente finale s'amorce alors, devient de plus en plus raide et se termine sur un éboulis *(attention aux gravillons qui roulent sous les semelles !)*. Vers la fin, des marques rouges indiquent des petits rochers d'escalade pour les enfants, et par un étroit escalier servant d'accès aux maisons, on débouche sur la route à l'extrémité du parking du port de Morgiou (0h55).
Pour le retour, suivre la route qui traverse le village ; à sa sortie, repérer le tracé rouge (qu'on suit désormais) balisant la route sur 300 m environ. Sur la droite, au niveau d'une ancienne carrière, le rouge abandonne la route et par l'ancien chemin la rejoint 1 km plus loin, la suit encore sur 600 m, puis la quitte, la recoupe et parvient au col de Morgiou sur une RDF. La suivre direction Nord (négliger tracés vert et jaune) ; après avoir franchi une barrière, on arrive à une large échancrure dans la crêtes des Escampons. Laisser à droite le chemin des crêtes (pylône HT) et poursuivre sur la route jusqu'à la citerne n° 67 en bordure d'un carrefour ; le traverser en gardant la même direction et suivre la route qui, après une brève remontée et une épingle, vous conduit à l'extrémité du vaste parking de l'Ecole de Commerce ; passer entre les blocs de pierre barrant la route pour prendre à droite le chemin qui descend vers le parking du départ (2h15).

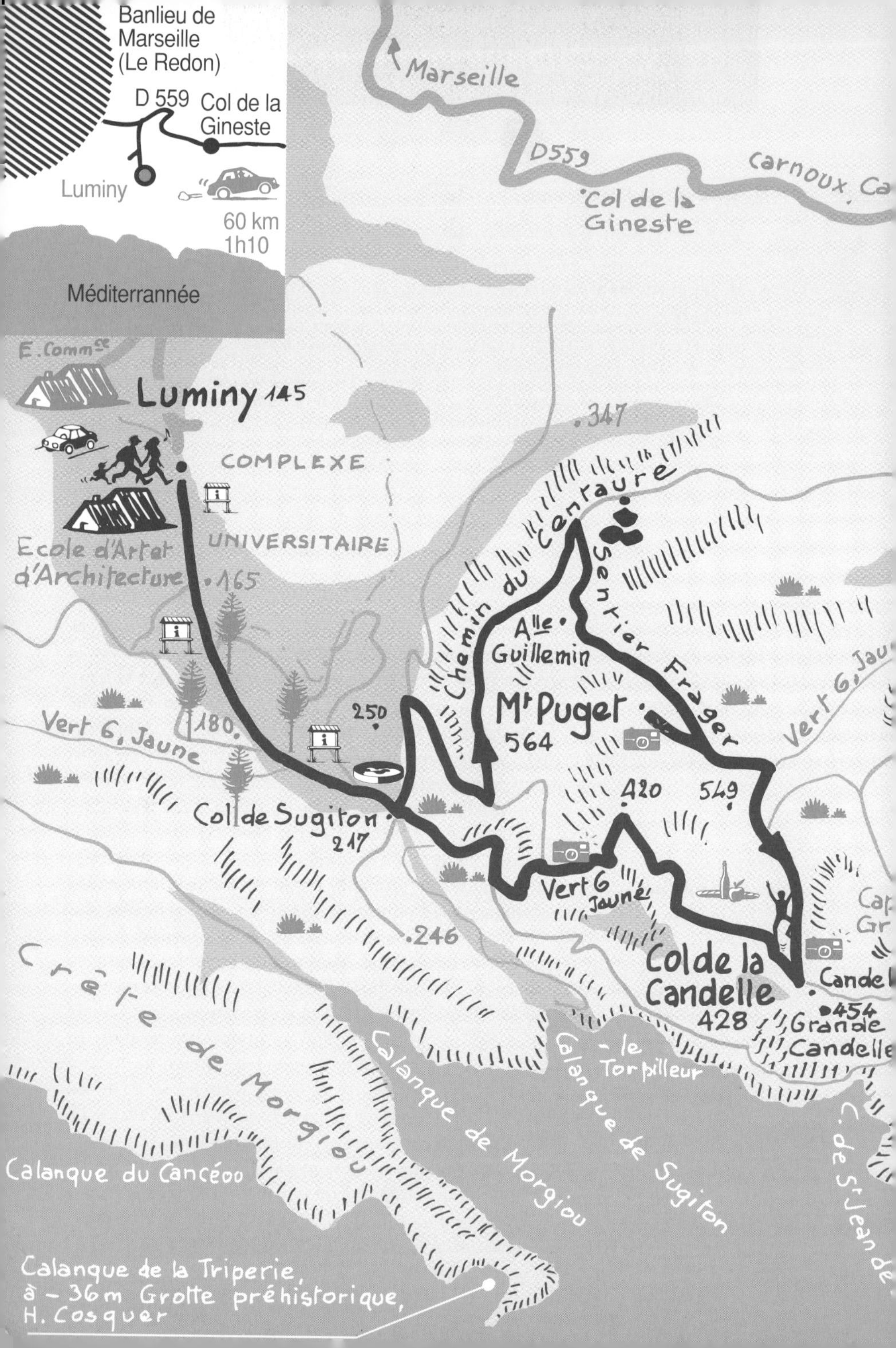

Banlieu de Marseille (Le Redon)
D 559
Col de la Gineste
Luminy
60 km
1h10
Méditerrannée
Marseille
D559
Carnoux, Ca
Col de la Gineste
E. Comm^ce
Luminy 145
COMPLEXE
UNIVERSITAIRE
Ecole d'Art et d'Architecture
.165
.347
Chemin du Centaure
Sentier Fraget
A^lle Guillemin
Mt Puget
564
250
180.
Vert 6, Jaune
Col de Sugiton
217
420
549
Vert 6 Jaune
.246
Col de la Candelle
428
Candel
.454 Grande Candelle
Vert 6, Jau
Crête de Morgiou
Calanque de Morgiou
Calanque de Sugiton
- le Torpilleur
C. de St Jean de
Calanque du Cancéou
Calanque de la Triperie, à -36m Grotte préhistorique, H. Cosquer

52 - Le Tour du Puget

Parking avant l'Ecole d'Architecture - 145 m

564 m - 419 m

3h30

Sentier Frager, Jaune, Vert 6

Le Mont Puget, culmen du massif des Calanques, offre sur celui-ci un panorama incomparable. De plus, l'itinéraire proposé, d'ailleurs classique, est lui-même un belvédère continu : le chemin du Centaure (un ancien propriétaire du domaine le parcourait à cheval) vous permet de contempler l'ensemble de Luminy avec Marseille en toile de fond ; le col de la Candelle, le sentier-balcon dit "des 13 contours" vous réservent une vue aérienne inoubliable sur la mer et le découpage de la côte. Pour cette randonnée comportant quelques passages escarpés, soyez bien chaussés. Partez un jour de grand soleil, sans mistral trop violent, emportez le pique-nique et mettez-vous en... plein les yeux !

ccès routier : voir balade n° 50.

Ionter vers la barrière métallique au Sud du parking et suivre le chemin de Sugiton jusqu'au ol. Prendre la RDF qui, après avoir laissé à droite celle que suit le tracé vert, s'élève en pente nodérée, direction Nord. Au panneau "Fin du parc public", tourner à droite et suivre la RDF qui, n pente plus forte (direction Sud-Est), bordée de rochers à gauche et de pierres de soutènement droite, atteint un replat. Par un virage à angle droit, la route reprend la direction Nord : vous tes sur le chemin du Centaure. Le suivre sur 1300 m environ ; en pente douce il longe la base u dernier "étage" du Puget et surplombe à gauche les falaises de Luminy. Après avoir franchi ne barrière, repérer sur la droite et 20 m avant le point le plus haut de la route, le début d'un entier étroit (cairn) : c'est le sentier Frager (1h15). On le suit, à flanc, en direction de l'aiguille Guillemin, nettement détachée ; puis grâce à des marches un peu raides *(prudence avec des nfants !)* taillées dans les rochers qui raccordent l'aiguille au reste du massif, on atteint la crête. Continuer sur le sentier, puis le quitter avant qu'il ne s'oriente vers l'Est pour monter à droite en uivant les cairns qui conduisent au premier puis au second sommet (1h50). Vue tous azimuts : u Sud, la mer, les îles, l'ensemble du massif des crêtes de Marseilleveyre aux falaises de Cassis ; au Nord, la chaîne de Saint Cyr toute proche et, plus loin, l'Etoile, la Sainte Baume, 'arrière-pays toulonnais...
Par une trace bien marquée, on rejoint rapidement le sentier Frager. Celui-ci remonte un peu et conduit à la rencontre du tracé vert 6 : indications sur une dalle. Prendre la direction Candelle : vous suivez désormais le vert, bientôt doublé d'un jaune, jusqu'au col de Sugiton. Après avoir parcouru une crête un peu escarpée, on parvient au col de la Candelle ; vous êtes au pied du Candelon que domine l'arête sommitale de la Grande Candelle : au Nord-Est les falaises du Cap Gros, à vos pieds la mer et l'îlot du "Torpilleur" qui semble surgir de la Calanque de Sugiton. Après quelques mètres de dénivelée ravinés par l'intense fréquentation du site, le sentier des 13 Contours vous conduit presqu'à l'horizontale à un éboulis assez raide (suivre au mieux les marques vertes et jaunes). Un bon sentier amène ensuite au croisement avec le chemin du Centaure qu'on coupe à angle droit ; par un chemin pierreux on rejoint la RDF qui conduit tranquillement au col de Sugiton ; sur la droite de la route, observez deux plaques d'information : l'une sur les "Oiseaux des falaises", l'autre sur le "Jas de Sugiton".
Du col, retour au parking par le trajet de départ (3h30).

Une sélection dans la sélection : les 10 plus belles balades de l'auteur

Classement des balades par massif

Dans la même collection petites traces verte

Déjà parus :

52 balades en famille autour de Chambéry - Aix les Bains
52 balades en famille autour de Grenoble
52 balades en famille autour de Lyon
52 balades en famille autour de Marseille
52 balades en famille dans le Pays niçois

A paraître :

52 balades en famille autour d'Annecy
52 balades en famille autour de Genève

30 balades en famille dans les Aravis (La Clusaz, Thônes, Le Grand Bornand)
30 balades en famille en Ardèche méridionale
30 balades en famille dans le Briançonnais
30 balades en famille autour de Chamonix
30 balades en famille dans le Val Vanoise (de Brides-les-Bains à Pralognan)

L'auteur

Depuis des lustres, Jean Reynaud arpente les sentiers de randonnée. Ardéchois dans sa jeuness et revenu à l'âge adulte en Provence, terre de ses aïeux, il en a exploré tous les aspects et n cesse de les faire découvrir à ses amis sur le terrain. Chaque année, dans le compte-rendu de se grandes randonnées d'été, d'abord destiné à ses compagnons de route, puis publié dans de revues spécialisées, il s'attache à communiquer son émerveillement toujours renouvelé devant l beauté des sites, leur faune, leur flore et leurs richesses culturelles. L'auteur fait partie du comit de rédaction de "Calanques et Montagne", publication trimestrielle de la section de Provence d Club Alpin Français dont il est membre très actif.